나의 무엇이 책이 되는가

나의 무엇이 책이 되는가

글이 책이 되기까지, 작가의 길로 안내하는 책 쓰기 수업

임승수 지음

북하우스

프롤로그

　요즘은 책을 쓰려는 사람이 많다. 직장 생활의 경험을 정리해보고 싶은 사람, 인생의 전환점을 기록으로 남기려는 사람, 자신만의 전문 지식을 나누고 싶은 사람, 혹은 단순히 한 번쯤은 책을 내보고 싶다는 마음으로 시작하는 사람. 동기는 제각각이지만 그들의 마음속에는 공통으로 '내 안의 어떤 이야기가 누군가에게 닿기를 바라는 마음'이 있다.

　글을 쓴다는 건 선율을 만드는 일과 비슷하다. 떠오르는 감정을 즉흥적으로 표현하고, 한순간의 생각을 문장으로 남긴다. 반면 책을 쓴다는 건 교향곡을 작곡하는 일에 가깝다. 주제 선율을 세우고, 그 변주를 구상하며, 악장마다 리듬과 색채를 달리하면서도 전체를 관통하는 통일성을 놓치지 않는다. 단편적인 선율이 아름답다고 해서 훌륭한 교향곡이 되지 않듯, 한두 편의 좋은 문장만으로는 책이 완성되지 않는다. 책을 쓴다는 건 하나의 세계를 설계하고 완성하는 일이다. 그 세계 속에는 작가의 시간, 생각, 감정이 오롯이 녹아 있다.

2006년에 첫 책을 낸 뒤, 어느새 20년째 전업 작가로 살아오고 있다. 심지어 아내도 작가다. 부부 작가라니. 무슨 똥배짱인가 싶지만 그래도 남편과 아내의 간헐적 수입이 절묘한 조화를 이루어 지금껏 꾸역꾸역 생계를 유지해왔다. 그동안 하이든, 모차르트, 베토벤이 교향곡을 쓰듯 수많은 책을 냈다. 비교 대상이 적절하지 않다고? 나도 안다. 객기 좀 부렸다. 아무튼 그중에는 꽤 알려진 베스트셀러도 있고, 2쇄도 찍지 못해 출판사에 민폐를 끼친 천덕꾸러기도 있다. 단맛 쓴맛 고루고루 경험했는데, 그 과정에서 체득한 책 쓰기 노하우를 이 책에 아낌없이 담았다. 음악으로 치자면 교향곡 작곡법이라고 할까.

1장에서는 '작가가 된다는 것'의 의미를 다룬다. 책을 쓰는 일은 단순히 문장을 쌓는 기술이 아니라, 왜 쓰는가를 끊임없이 자문하는 지난한 여정이다. 만만치 않은 현실의 무게에도 불구하고 계속 써나갈 수 있었던 이유를 시작으로, 내가 가진 무엇이 책이 될 수 있는지, 책이 출간되면 어떤 일이 일어나는지, 글이 나오기 위해서는 어떤 삶을 살아야 하는지, 아이디어는 어떤 경로로 스며 나오는지, 내 글은 어떠한 자세로 독자를 만나야 하는지 등을 다뤘다. 본격적인 집필에 앞서, 작가라면 누구나 한 번쯤은 마주해야 하는 존재론적 질문이 아닐까 싶다.

2장은 글쓰기의 실전이다. 아무리 글감과 아이디어, 진정성까지 샘솟는다 한들 결국 글은 손끝으로 쓰는 것이다. 손가락이 제대로 움직이지 않는데 어떻게 피아노를 연주하겠는가. 좋은 글이란 무엇인지, 독자의 마음을 움직이기 위해서는 펜을 어떻게 놀려야 하는지, 글에 개성을 담으려면 나의 시선이 어디를 향해야 하는지, 책 한 권 분량의 긴 글을 쌓아 올리려면 무엇이 필요한지, 인공지능을 글쓰기에 활용할 때 유념해야 할 사항은 무엇인지, 술술 읽히는 독자 친화적 문장은 어떻게 쓰는지, 프로 작가가 글을 쓰는 적나라한 과정은 어떠한지 등을 다뤘다.

3장은 글이 책이 되어 세상에 나오기까지 헤쳐나가야 할 관문과 난관 들을 담았다. 원고를 완성했다고 해서 책이 저절로 출간되는 건 아니다. 어디에 글을 올리고 어떻게 투고해야 출판사로부터 간택받을 확률이 높아지는지, 출판 계약서에는 무엇이 담겨 있으며 유심히 살펴봐야 하는 부분은 어디인지, 편집자와는 어떻게 관계를 설정해야 하는지, 독자의 시선을

끄는 책 제목을 뽑아내는 방법은 무엇인지, 책 쓰기보다 훨씬 어렵다는 책 팔기의 애환은 어떠한지, 해외 번역 출간이라는 가슴 뛰는 일이 성사되는 구체적인 과정은 어떠한지 등을 다뤘다.

가끔 로또를 산다. 재수 좋으면 내 책으로 도무지 해결하지 못하는 난제를 로또가 대신 해결할 수도 있지 않을까 싶어서다. 한번은 1등에 당첨되면 무엇을 할지 구체적으로 상상해 보았다. 스타인웨이 피아노도 사고, 거실에 근사한 소파도 하나 놓고, 화장실도 수리하고, 그렇게 내 주변 물건들이 하나씩 명품으로 바뀌었다. 무럭무럭 자라난 망상은 삶의 영역으로 옮아와 슬며시 나에게 질문을 던졌다.

'로또 1등에 당첨되면 더 이상 책을 쓰지 않을 거야?'
'아니. 책은 계속 쓸 거야.'
'로또 1등에 당첨되면 강의는 더 이상 안 할 거야?'
'무슨 소리? 계속해야지.'

좀 묘한 기분이 들었다. 로또에 당첨되면 내 주변 물건들은 죄다 명품으로 바뀌는데 삶은 당첨 전과 바뀌지 않는다. 그때 깨달았다. 작가로 사는 삶, 글 쓰고 강의하며 사는 삶이 나에게는 그 자체로 명품이라는 것을. 사람마다 입맛이 다르겠지만, 삶에 맛이라는 게 있다면 작가의 삶만큼이나 찰지고 쫄깃한 게 또 있나 싶다.

지금 이 순간 연료가 한정된 차를 몰고 있다고 하자. 그런 상황이라면 누구나 가장 가고 싶은 곳으로 곧장 차를 몰 것이다. 인생은 '시간'이라는 한정된 연료를 사용하는 자동차다. 왜 유독 인생이라는 차를 운전할 때는 가고 싶은 곳으로 곧장 가지 않는가? 심지어는 연료가 바닥날 때까지 같은 궤도만 뱅글뱅글 돌고 있지는 않은지. 나이 오십이 넘고 보니 연료가 생각보다 얼마 안 남았다는 생각이 든다. 그렇다면 서둘러 원하는 곳으로 가야 하지 않을까. 모쪼록 이 책이 당신에게 무한궤도를 벗어나 원하는 곳으로 한 발 내딛는 용기를 주기를 기원한다.

노파심에 덧붙이자면, 책 속 인용문은 대부분 나의 책에서 발췌했다. 책을 조금이라도 더 알리고 싶은 마음도 있지만, 다른 저자의 글을 인용하려면 절차와 비용이 만만치 않기 때문이기도 하다. 너그러운 이해를 부탁드린다.

차례

프롤로그 . 5

1장 작가가 된다는 것

나는 왜 작가가 되었는가 . 15
작가에게 책 출간이 기다려지는 진짜 이유 . 23
나의 무엇이 책이 될 수 있을까 . 32
글은 '살아지는' 삶이 아니라 '살아내는' 삶에서 나온다 . 40
아이디어가 떠오르는 기적의 순간 . 48
작가의 시간과 독자의 시간이 만나는 방법 . 55

2장 책이 되는 글쓰기

글이란 결국 남이 보라고 쓰는 것이다 . 65
그래서, 좋은 글이란 무엇인가 . 75
글쓰기는 美에 대한 사랑에서 비롯된다 . 84
사람의 마음을 움직이는 글쓰기 비법 . 93
개성 있는 글을 쓰는 비법 . 103
도대체 긴 글은 어떻게 쓰는가? . 112

한 편의 글이 시작되고 완성되기까지, 그 적나라한 과정 · 120
가독성이 배가되는 문장 강화 팁 · 132
인공지능과 함께 글쓰기 · 152

3장: 책이 세상에 나오려면

꿩 먹고 알 먹고, 오마이뉴스 활용기 · 177
출판사에 간택 받을 확률을 높이는 투고 방법 · 186
프로 작가도 '묻지마 투고'하고 내상 입는다 · 201
출판 계약서에는 무엇이 담겨 있을까 · 210
책 제목을 지을 땐 예수의 제자가 돼야 한다 · 221
편집자는 영화감독, 나는 시나리오 작가 · 229
책 쓰기보다 훨씬 어려운 책 팔기 · 240
미국에서 간신히 번역 출간된 기막힌 사연 · 249
작가의 글은 독자를 통해 완성된다 · 260

에필로그 · 268

1장

작가가 된다는 것

나는 왜 작가가 되었는가

 저자가 책을 출간할 때 일반적으로 별도의 비용이 들지 않는다. 원고만 잘 써서 성공적으로 출간 계약을 체결하면, 제작, 유통, 판매, 인세 정산까지 출판사가 일괄적으로 책임지기 때문이다. 이렇다 보니 저자를 꿈꾸는 사람 중에는 책을 로또로 여기는 이들이 적지 않다. 대체로 이런 식이다. 자기 책이 주요 인터넷서점 종합 베스트셀러가 되어 수십만 부가 판매된다. 억 단위 인세가 통장에 꽂힌다. 셀럽이 되어 페이스북이나 인스타에서 수많은 사람의 따봉('엄지 척')과 메시지를 받는다.

 과연 현실은 어떨까? 한국출판문화산업진흥원의 『KPIPA

출판산업 동향(2024년 상반기)』에 따르면, 2023년 연간 신간 도서 발행 종수는 79,416종이다. 이 중 반응이 좋은 일부를 제외한 나머지 책은 2쇄도 채 찍지 못한다. 대부분 초판 1쇄도 소화하지 못하고 조용히 퇴장한다. 그렇다면 운 좋게 초판 1쇄가 다 팔릴 경우, 저자 수입은 어느 정도일까? 단행본 인세율은 대체로 도서 정가의 10% 내외다. 책 정가가 18,000원이면 저자 몫은 1,800원이라는 의미다. 초판 1쇄를 2,000부 인쇄했다고 하자. 1,800원에 2,000을 곱하면 저자의 통장에 꽂힐 액수는 360만 원이다. 세금 떼면 더 줄어든다.

계약금이 있지 않냐고? 사람들은 출판사가 준 계약금이 선인세라는 사실을 잘 모른다. 그저 변호사의 '착수금'이나 프로야구 구단이 선수에게 지급하는 '계약금' 비슷하게 여긴다. 출판계에서 저자에게 지급하는 계약금은 일종의 가불 인세다. 예컨대 계약금으로 200만 원을 받았다면, 누적 인세가 200만 원을 초과할 때까지는 저자 몫이 없다. 충격받았는가? 이게 현실이다. 사정이 이러하니, 수많은 저자가 계약금이 처음이자 마지막 수입이 된다.

책이 잘 팔리면 해결될 문제 아니냐고? 좋다. 이번에는 반응이 좋았던 책의 예를 들겠다. 내 책 중『원숭이도 이해하는 자본론』은 2008년에 출간되어 2025년 10월 현재 40쇄를 인쇄했다. 2009년 인터넷서점 예스24 '올해의 책' 후보 도서였을 정도로 화제가 되었으며 지금도 꾸준히 판매된다. 판매부수가 5만 부를 넘어 6만 부를 향해 나아가고 있으니 마르크스주의 서적으로는 이례적이라고 할 만하다. 사람들이 종종 원숭이 팔아서 집 샀느냐고 묻는데, 그래! 한번 집 샀는지 따져보자.

한동안 가격이 15,000원이었으니 권당 1,500원(인세율 10%)이 인세다. 여기에 6만 권을 곱하면 인세(세금 포함) 8000만 원이 나온다. 적지 않은 액수다. 다만 이 책은 17년 전인 2008년에 출간되었다. 8000만 원을 17로 나누면 해마다(월이 아니다!) 470만 원의 인세가 발생한 셈이다. 집 살 돈은커녕 생계 유지가 걱정되지 않나. 이것이 2013년 경향신문이 선정한 뉴파워라이터 20인에 뽑힌 작가의 적나라한 현실이다. 더 무서운 사실을 하나 알려줄까? 아내도 작가다.

대한민국에서 순전하게 글값만으로 기초 생계가 가능한 사람이 과연 몇이나 될까. 작가 대부분은 부업을 하거나, 본업이 따로 있거나, 부모님 혹은 배우자의 경제적 지원을 받는 경우가 많다. 그런데 나와 아내는 무려 전업 작가로 살며 두 딸까지 키우고 있다. 어떻게 가능한 것일까? 운 좋게도, 책 주제와 관련된 강의 요청이 꾸준히 들어와서 그나마 부족한 수입을 메울 수 있기 때문이다.

예를 들어 『원숭이도 이해하는 자본론』의 저자 자격으로 도서관, 학교, 노동조합 등에서 마르크스 『자본론』 강의를 한다든지, 『와인에 몹시 진심입니다만,』의 저자로 와인 강의를 한다든지 하는 식이다. 그렇게 나와 아내의 인세와 강연비 수입을 합치면 다행히 두 딸을 키우면서 생계를 유지할 수준은 된다. 우리 나이대 맞벌이 가족보다는 수입이 적지만 외벌이 가족보다는 좀 많은 정도라고 할까. 사실 나와 아내의 이런 사례는 작가 중에서도 상당히 운이 좋은 편에 속한다.

물론 극소수이기는 하지만 방송에 출연해 인지도를 올리고 어마어마한 강연비를 받는 작가도 있다. 하지만 그런 특별한 일이 자신에게 일어나리라는 보장은 없다. 내 경우는 특히나 더욱 그러하다. 2018년에 1년 정도 고정 게스트로 매불쇼에 출연했다. 캐릭터와 방송 콘셉트가 잘 잡혔고, 입담에도 자신이 있는 편이라 당시 꽤 인기를 끌었다. 그때 이후로 지상파 방송국 작가들로부터 여러 번 출연 요청을 받았지만 모두 무산되었다. 왜냐고? 항상 이런 식이었다.

모 TV 방송국 작가는 출연 섭외 전화를 하며 "왜 방송에 안 나오시나요? 엄청 재미있으신데요. 일부러 안 나오시는 건가요?"라고 의욕을 보이더니, 얼마 후 다시 전화해 "죄송합니다. 못 모시게 되었습니다"라고 풀이 죽은 목소리로 말했다. 한번은 아내와 차로 이동 중에 모 TV 방송국 작가로부터 출연 요청 전화가 왔다. 수락한 후 전화를 끊고 아내에게 이렇게 말했다.

"봐봐. 다시 전화가 올 거야. 출연이 어렵게 됐다고 하겠지."

역시나 예언은 적중했다. 어떻게 맞췄을까? 이런 일이 반복되니까. 솔직히 말해 나처럼 사회주의자, 마르크스주의자임을 공개적으로 표명하는 사람은 여전히 방송 출연이 어렵다. 출연을 금지하는 명문화된 조항이 있는 건 아니지만, '굳이 사회주의자를? 그것도 진보정당 후보로 선거에 출마했던 사람을? 다른 사람으로 교체하자' 이런 분위기가 암암리에 있는 것이다.

저간의 사정을 아는 사람들은 나에게 이렇게 묻는다. 대학 전공을 살려 대기업 연구원 하면서 꼬박꼬박 월급 받으면 될 것을, 왜 직장 때려치우고 간헐적인 수입에 불안해하며 책 쓰고 사느냐고. 꼭 작가로 살고 싶다면 마르크스주의, 사회주의 같은 것 말고 다른 분야를 파라고.

성경에 이런 예수님 말씀이 있다. "사람이 빵으로만 살 것이 아니라, 하느님의 입에서 나오는 모든 말씀으로 살 것이다."(『마태복음』 4장 4절, 새번역) 광야에서 40일 동안 단식하며 깊은 사색에 잠긴 예수를 방해하기 위해 악마가 눈앞의 돌을 빵으로 만들어 먹으라고 꼬드겼는데, 예수님이 일갈하며 한 말이다. 사람은 그저 본능적인 욕구를 해소하기 위해 사는 게 아니라 이상과 가치를 실현하기 위해 산다는 의미일 것이다.

냉혹한 자본주의 사회에서 작가를 직업으로 삼으면 경제적으로 불안정한 삶을 살 확률이 높은 건 부인할 수 없다. 다만 인간은 식욕과 성욕 정도를 해결하면 그만인 일차원적 생명체가 아니다. 인류가 생존과 번식 그 자체에만 몰두하는 삶을 살았다면 지금과 같은 지식과 예술의 탑을 쌓아 올릴 수 없지 않았겠나.

'나는 무엇을 위해 사는가?'
'가치 있는 삶이란 무엇인가?'

이 질문에 대한 답을 찾는 과정에서 우리는 인생을 걸 만한 무언가를 발견하게 된다. 그 이상을 실현하기 위해서라면 고난을 감수하기도 한다. 이러한 과정을 통해 인류는 과학기술, 음악, 미술, 건축, 종교 등 다양한 문화유산을 창조할 수 있었으며, 그 결과 찬란한 문명을 이룰 수 있었다.

그렇다. 작가는 대체로, 가치와 이상에 대한 사랑이 빵에 대한 사랑을 압도하는 부류다. 이 부류는, 다소간의 어려움이 있더라도 자신이 소중하다고 생각하는 바를 글이라는 매개체로 사람들에게 전하고 싶은 '절실한' 마음을 가지고 있다. 절실하다는 추상적 단어를 구체적으로 표현하면 다음과 같을 것이다.

몇 개월, 어쩌면 길게는 1년이 훌쩍 넘을 원고 작성 기간. 그렇게 공들여 쓴다고 출판사가 책을 내준다는 보장도 없다. 운 좋게 출간 계약을 체결했다 한들 예상 인세는 후하게 잡더라도 수백만 원 수준을 넘어서기 어렵다. '이 모든 상황'을 감수하더라도 꼭 하고 싶은 얘기가 있는가? 그 정도의 '절실함'이라면 당신은 작가가 될 자질이 있다. 만약 이 모든 게 기회비용의 낭비라고 여겨진다면 작가의 삶을 선택하지 않는 편이 낫다.

나는 책 작업에 들어가기 전에 항상 다음과 같은 질문을 스스로에게 던진다.

'초판 1쇄도 다 팔리지 않을 정도로 쫄딱 망하더라도 책을 쓴 것에 대해 후회가 없겠는가?'

'예스'라는 대답이 나올 때 책을 쓴다. 그 척박한 자리에서 피어 나오는 꽃이야말로 '진짜배기'일 가능성이 높기 때문이다. 이것이 내가 작가로 살아가는 방식이다.

작가에게 책 출간이
기다려지는 진짜 이유

 앞선 글에서 작자가 되겠다는 의욕에 찬물을 끼얹은 건 아닌지 걱정이다. '책 안 팔려. 인세 쥐꼬리만큼이야. 그래도 책 쓸래?'라고 윽박지른 것 같아 미안한 마음도 든다. 절대 그런 의도는 아니다. '이 책 한번 써봐! 인세 팍팍 꽂히고 유명 인사가 되고 TV에도 출연할 거야!'라고 야바위꾼처럼 거짓말할 수는 없어 업계 사정을 털어놓았을 뿐이다.

 솔직히 책 쓰는 일이 힘겹고 팍팍하기만 하다면 나 같은 쾌락주의자가 어떻게 지금까지 저자로 살겠는가. 책이란 게 풍족한 인세는 벌어주지 못할지라도, 종종 풍족한 인세로도 경험하기 어려운 깜짝 이벤트를 선물한다. 내가 경험한 예를 들어보겠다.

2006년에 출간한 첫 책 『차베스, 미국과 맞짱뜨다』는 베네수엘라 차베스 대통령이 이끄는 21세기 사회주의 혁명을 다룬 사회과학 도서다. 책을 내면서도 '베네수엘라 대통령이라니! 이런 마이너리티 감성 충만한 책을 누가 사겠어?' 하는 생각이 들어 출간 자체에만 의의를 두고 있었다. 그런데 어느 날 광화문 교보문고에 가보니 책이 정치·사회 베스트셀러 진열장에 놓여 있는 것 아닌가. 이때부터 인생에서 경험해보지 못한 일들이 연이어 일어나기 시작했다.

2006년 12월 15일 한겨레신문은 한 면을 가득 채워 내 인터뷰 기사를 다뤘다. 2006년 12월 9일 경향신문은 종합면 2면에 상당한 지면을 할애해 책 내용과 출간 과정을 조명했다. 책을 쓰지 않았다면 일어날 수 없는 일이다. 당시 나는 민주노동당 서울시당 교육부장이었는데, 수많은 당원과 간부들이 이 책을 읽었다. 그 영향으로 민주노동당과 베네수엘라 집권당과의 교류 및 방문 추진 움직임이 본격화되었다.

책 집필 과정에서 주한 베네수엘라 대사관 1등 서기관 로물로 리코와 면담하며 인연을 맺었던 덕분에, 나는 민주노동당과 대사관 사이의 가교 역할을 할 수 있었다. 다행히 일이 잘 추진되어 나를 포함해 민주노동당 관계자들이 2007년

1월 26일부터 5일간 베네수엘라를 공식 방문하게 됐다. 해외여행은커녕 비행기라고는 제주도 강연하러 갈 때 딱 한 번 탔던 것이 전부였는데 졸지에 지구 반대편 베네수엘라를 방문하게 되었다.

베네수엘라 카라카스 공항에 도착하니 외교부 직원 다니엘라 세고비아가 마중 나왔고 미니버스가 대기 중이었다. 외교부 공무원이 당당하게 자신을 사회주의자라고 소개하는 모습이 꽤 인상적이었다. 그런데 무슨 일인지 다니엘라가 여기저기 전화를 걸며 곤란한 표정을 지었다. 통역을 통해 사정을 들어보니 우리가 묵기로 한 호텔 객실이 꽉 찼다는 것이다. 어쩐지 책 한 권 쓴 것치고는 일이 너무 잘 풀린다 싶더니만. 한참을 여기저기 통화하던 다니엘라가 우리 측 통역에게 뭐라고 얘기했다. 그란 멜리아 호텔로 이동한다는 것이다. 딱 그 호텔만 빈 객실이 있다는데, 슈퍼 모델 나오미 캠벨이 묵었던 베네수엘라 최고급 호텔이었다.

일행이 8명이었는데 총 8개의 객실을 배정받았다. 한 명당 객실 하나. 객실로 들어갔는데 카펫 깔린 바닥에 그럴싸한 책상과 의자만 놓여 있었다. 침대가 없네? 쩝. 나오미 캠벨이 묵은 객실 타입은 아닌가 보네. 대충 바닥에 누워 자야겠다. 그런데 내부를 둘러보니 오른쪽에 밀어서 여는 문 같은 게 보인다. 혹시나 해서 조심스럽게 밀었는데, 침대가 놓인 별도의 공간이 나왔다. 집무실과 침실이 분리된 구조다. 외국에서 장관급 인사가 오면 내주는 객실이란다. 풍찬노숙이 익숙했던 운동권들은 당황해 긴급회의를 소집했다.

우리가 비용을 치르는 건 아니라지만 객실이 너무 고급스러워 부담스럽지 않은가. 여기까지 와서 민폐를 끼칠 순 없다. 한 객실을 여럿이 사용하고 남은 객실을 반납하자는 쪽으로 의견이 모아졌다. 다니엘라에게 말하니 20대 나이에 어울리지 않는 엄마 미소를 지으며, 공문서 처리가 번거로우니 그냥 사용하란다.

허, 그것참. 나는 그저 책을 한 권 썼을 뿐인데….

2008년에 마르크스 『자본론』 해설서인 『원숭이도 이해하는 자본론』을 출간했다. 스테디셀러로 입지를 굳혀 지금까지도 노동조합, 도서관, 사회단체 등에서 관련 강의 요청이 끊이지 않는다. 2024년 12월에는 대전 평생학습관 어울림홀에서 학교 비정규직 노동자 700명을 대상으로 마르크스 『자본론』을 강의하기도 했다. 좌석이 부족해 바닥에 앉아서 들을 정도였는데, 마르크스주의 대중화를 꿈꾸는 사람으로서 감개

무량하지 않을 수 없었다. 한때 마르크스『자본론』을 소지했다는 이유만으로 체포당하던 나라에서, 그야말로 천지가 개벽하는 변화 아닌가.

물론 책을 내고 기분 좋은 일만 있었던 건 아니다. 2013년부터 2018년까지 경희대학교에서 마르크스주의 강의를 했는데, 교재는『원숭이도 이해하는 자본론』이었다. 때는 2013년 9월 6일 금요일 2학기 강의 첫날이었다. 학교에 도착해 강의실로 성큼성큼 걸어가는데 휴대전화 벨이 울렸다. 학교 관계자에게 온 전화였는데 내용인즉슨 어떤 학생이 나를 국가정보원에 신고했다는 것이다.

일베로 추측되는 1학년 학생이 학교에 마르크스주의 강의가 있는 게 못마땅해 벌인 일이었다. 강사인 임승수가 마르크스주의 책을 여러 권 썼고 민주노동당 간부 경력까지 있으니 신고해서 아예 강의를 못 하게 만들겠다는 심산이었던 것 같다(도대체 이게 신고거리인가?). 국가정보원 사이트에 접속해 신고하는 화면을 갈무리해서 총장실, 학장실, 행정실 등에 메일로 보내고서는, 내가 강의하도록 두어서는 안 된다고 항의했다.

혹시 일베 학생과 국가정보원의 암묵적 연계는 아닐까? 학생이 신고하면 기다렸다는 듯 국가정보원이 조사에 들어가는 식 말이다. 하지만 글 쓰고 강의하는 게 활동의 전부인 작가 나부랭이를 그렇게까지 무리하게 엮는다? 위세 당당한 국가정보원이 피라미 하나 손보겠다고 대학 신입생을 부추겨서 이런 일을 벌일 턱이 있겠나. 설사 그렇다 한들 이 어처구니없는 사건 관련 기사가 이미 쏟아지고 있지 않은가. 섣불리 실행에 옮기기도 어려운 상황이 되었다.

다행히 별다른 일은 없었고 포털 사이트 메인 화면에 기사가 걸린 덕분에 『원숭이도 이해하는 자본론』 책 판매가 급격하게 상승하는 나비효과가 일어났다. 이것도 노이즈 마케팅이려나? 출판사에서는 내심 반기는 눈치였다. 그렇다 보니 책 팔려고 꾸민 자작극이 아니냐며 주변 사람들이 농을 하기도 했다.

허, 그것참. 나는 그저 책을 한 권 썼을 뿐인데….

2021년에는 에세이 『와인에 몹시 진심입니다만,』을 펴냈다. 당시 코로나가 기승을 부려 집에서 혼술하는 분위기였는데, 시기가 잘 맞았는지 와인 분야 베스트셀러 1위를 기록했다. 도서 판매량이 많은 분야는 아니지만 생계에 소소하게 보탬이 되는 인세가 들어왔고, 와인 수입사 시음회에 초청되고 다양한 곳에서 와인 강의 요청이 들어왔다.

그중에서도 예상 밖이었던 곳은 법무연수원이다. 검사, 검찰 수사관, 교정직 공무원, 출입국 관리직 공무원, 보호직 공무원, 공익 법무관 등을 교육하는 국가 기관 아닌가. 국가보안법으로 신고까지 당했던 사람에게는 이래저래 어색하고 부담스러운 곳이다. 그런데 이곳에서 검사들을 대상으로 와인 강의를 하게 된 것이다. 어떻게 이런 일이 벌어졌을까? 자초지종은 다음과 같다.

대구의 한 동네 책방에서 와인 강의를 했는데 참가자의 반응이 꽤 좋았다. 그 책방 주인과 친분이 있는 검사가 마침 법무연수원 교수로 부임하면서 교육 과정을 짜다가 내 강의가 재밌다는 얘기를 듣고는 섭외한 것이다. 강의에 들어가기에 앞서 그 검사와 대화를 나눴는데 이미 내 정치적 성향을 알고 있었다.

"검사 대상 강의다 보니 좀 불편하시지 않을까 걱정했는데, 수락해주셔서 감사합니다."

"아이고, 무슨 말씀을요. 일부 정치 검사들이 문제이지, 검사님들 대부분은 나쁜 사람들 잡으려고 열심히 일하시는 것 잘 알고 있습니다. 저는 그저 와인 강의를 하는 거라 정치 얘기를 할 이유도 없고 그렇게 해서도 안 된다고 생각합니다."

강의실에 들어가니 젊은 검사들이 좌석을 꽉 채우고 있었다. 여느 때와 다를 바 없는 마음가짐으로 강의했는데 평가가 꽤 좋았나 보다. 수사관, 교정직 공무원 등 다른 직군 교육에도 와인 강사로 초청되었다. 나중에 들은 얘기인데 한 신임 검사는 와인 강사로 들어온 나를 보고 매우 놀랐다고 한다. 학생 시절에 나에게 마르크스주의 강의를 들은 일이 있었기 때문이다.

하긴 마르크스주의 강사와 와인 강사가 동일 인물인 경우는 세계에서 유일하지 않을까 싶다. 기왕 이렇게 된 것 법무연수원에서 마르크스 『자본론』 강의도 해보고 싶은데 워낙 보수적인 조직이라 어떨지 모르겠다. 솔직히 동네 도서관에서도 하고 고등학교에서도 했는데 법무연수원이라고 못 할 거 있겠나. 대한민국 검사가 법무연수원에서 마르크스 『자본론』 강의를 듣는 일이 벌어진다면 민주주의의 진일보를 상징하는 사건이 될 것이다.

앞서 언급한 시트콤 같은 일들은 죄다 책을 썼기 때문에 벌어졌다. 책은, 책을 쓰지 않았다면 경험할 수 없는 일을 경험하게 만든다. 그러니 새로운 책을 쓸 때면 테마파크 신상 롤러코스터 앞에 줄을 선 아이처럼 가슴이 두근거리지 않을 수 없다. 이번엔 또 나를 어디로 끌고 가려나. 360도 연속 회전일까? 아니면 90도 수직 낙하? 어디로 가든, 어떤 방향이든 내 입에서 또 이 말이 나오기를 기대하련다.

허, 그것참. 나는 그저 책을 한 권 썼을 뿐인데….

나의 무엇이 책이 될 수 있을까

분야	도서명
마르크스주의	『원숭이도 이해하는 자본론』, 『원숭이도 이해하는 마르크스 철학』, 『원숭이도 이해하는 공산당 선언』, 『자본주의 할래? 사회주의 할래?』, 『사회주의자로 산다는 것』, 『나는 행복한 불량품입니다』, 『오십에 읽는 자본론』
국제 정치	『차베스, 미국과 맞짱뜨다』
와인	『와인에 몹시 진심입니다만,』, 『와인과 페어링』
예술	『세상을 바꾼 예술 작품들』, 『피아노에 몹시 진심입니다만,』
역사	『목민심서 한번 읽어 보지 않겠는가』
글쓰기	『글쓰기 클리닉』, 『삶은 어떻게 책이 되는가』

내가 쓴 책 중 일부를 분야별로 정리했다. 동일인의 저작이라고는 보기 힘들 정도로 여기저기 들쑤셨다.『와인에 몹시 진심입니다만』을 쓴 임승수와『원숭이도 이해하는 자본론』을 쓴 임승수가 동명이인인 줄 알았다는 독자도 있었다. 누가 보면 석사·박사 학위를 여럿 소지한 줄 알 것이다. 전혀 그렇지 않다. 나는 전자공학을 전공했으며 반도체 소자 분야의 석사다. 정작 전공 분야로는 책을 단 한 권도 내지 않았다.

그래도 책을 출간할 정도니 해당 분야의 전문가 뺨치는 지식이나 식견을 가지고 있을 것 아니냐고? 죄송합니다. 저보다 뛰어난 분들이 분야별로 세 트럭 이상 계십니다. 그러면 도대체 무슨 똥배짱으로 책을 냈냐고? 초·중·고에서 학생들을 가르치는 교사들이 해당 과목의 최고 전문가는 아니다. 하지만 그들의 강의는 누군가에게는 분명 유용하며 가치가 있다. 마찬가지다. 해당 분야의 박사 학위 소지자만 책 쓸 자격이 있다면, 시오노 나나미의『로마인 이야기』는 탄생할 수조차 없었다.

독서 생태계에는 다양한 독자층이 존재한다. 어떤 독자는 깊고 촘촘한 분석을 원하고, 어떤 독자는 입문자에게 맞는 쉽고 친절한 설명을 원하고, 또 다른 독자는 진득한 스토리텔링을 갈망한다. 이 다양한 수요 속에서 나의 쓸모가 생겨난다.

『와인에 몹시 진심입니다만,』과 『와인과 페어링』의 예를 들어보자. 솔직히 고백하자면, (와인 전문가는 아예 논외로 치고) 일반 애호가만으로도 나보다 와인을 잘 아는 사람이 다섯 트럭 넘는다. 절대 겸양지덕이 아니다. 이런 극악의 조건에서 나는 어떻게 제법 잘 팔린 와인 책 두 권의 저자가 되었을까?

첫째, 이제 막 와인에 빠진 초보자용 책이 서점에 드물었다. 기존 와인 도서는 진지한 애호가를 대상으로 하다 보니 마트에 가서 어떤 와인을 사야 하는지, 어떻게 마셔야 더 맛있는지, 무슨 음식과 매칭해야 어울리는지와 같은 초보를 위한 정보들이 부족했다. 『와인에 몹시 진심입니다만,』 목차에는 그런 틈새시장을 공략하겠다는 의도가 잘 담겨 있다. 몇 가지 옮겨본다.

좋아한다는 것은 일종의 돌발 사고다
무슨 맛으로 먹느냐 묻는다면
와인 정가, 터무니없는 그 이름
우리의 돈은 너무나 소중하니까, 가성비!
오래 묵힐수록 더 맛있을까
어떤 잔으로 마시겠습니까

디저트 와인을 제대로 즐기는 방법

이거 혹시 위조 와인?

보르도와 부르고뉴를 종종 헷갈렸다

둘째, 기존 와인 도서들은 정보 전달 위주라 읽는 재미에서 아쉬움이 있었다. 와인 전문가가 쓴 책은 지식 전달에 그 목적이 있다 보니 내용이 대체로 딱딱하고 학술적이었다. 초보자를 위해 문턱을 확 낮추고 에피소드 위주로 쉽고 재밌게 쓴다면 차별성이 있지 않을까 싶었다. 일부러 저자 소개부터 힘을 팍 줬다.

(…) 상황이 이렇다 보니 호주머니 사정은 소작농 수준인데, 하필이면 혓바닥의 섬세함과 탐욕스러움은 합스부르크 왕가 뺨친다. 이 부조리한 절망적 간극을 슬기로운 방구석 와인 생활로 간신히 메우고 있다. 일단 와인이 반병 이상 주입되면 걷잡을 수 없이 웃겨진다. 『매불쇼』에서 '임승수의 깡와인 시사안주' 코너로 그 가공할 음주 개그력을 유감없이 발휘했다.

셋째, 먹을 만한 것이 없어서 미생물조차 살지 않는 청정해역이 바로 와인 도서 분야다. 블루 오션 그 자체! 와인 지식도 출중하고 글솜씨도 탁월한 사람이 있다고 하자. 그런 인재가 쥐꼬리만 한 인세를 벌겠다고 금쪽같은 시간을 할애해 와인 책을 쓴다? 책이라는 상품에 오해 섞인 동경을 갖고 있거나, 책 쓰기 외에 퇴로가 없는 경우밖에 없지 않은가(참고로 난 여기에 속한다). 도대체 누가 이런 짓을 하겠나.

2021년에 출간된 『와인에 몹시 진심입니다만,』은 한동안 와인 분야 베스트 1위 자리를 지켰다. 떼돈 벌었겠다고? 청정구역이라고 하지 않았나. 2025년 현재까지 누적 인세는 천 몇백만 원 정도이다. 이 책 쓰려고 들인 시간에 차라리 이런저런 재택 알바를 했다면 곱절은 더 벌었을 것이다. 그래도 와인 책 저자로 시음회에 초청받거나 와인 관련 강의를 하기도 하니 애호가로서 나름 보람도 느끼고 소소하게나마 지속적으로 생계에 보탬이 되고 있다. 일개 애호가 나부랭이 주제에 일천한 와인 지식으로 이런 성과를 낸 것은, 내 책이 특정한 독자층에 확실하게 '쓸모' 있었기 때문이다.

제목만 봐도 짐작하겠지만, 내가 쓴 책들은 대체로 실용서 성격을 띠고 있다. 예컨대 『원숭이도 이해하는 자본론』, 『원숭이도 이해하는 마르크스 철학』, 『원숭이도 이해하는 공산당 선언』 같은 책은 마르크스주의를 쉽게 접하고 싶은 이들에게 '쓸모' 있으며, 『자본주의 할래? 사회주의 할래?』, 『사회주의자로 산다는 것』은 사회주의가 궁금한 이들에게 '쓸모' 있다. 베네수엘라의 정치적 상황을 알고 싶으면 『차베스, 미국과 맞짱뜨다』가 유용할 것이며, 목민심서에서도 경제와 관련된 호전戶典 부분이 궁금하다면 『목민심서 한번 읽어 보지 않겠는가』가 제법 추천할 만하다.

물론 그 쓸모의 크기는, 독자가 책값을 내고 사야겠다는 생각이 들게 할 정도여야 한다. 이 장벽이 생각보다 만만치 않다. 당신도 장바구니에 책을 담기 전에 미리보기로 꼼꼼히 살펴보지 않는가. 독자의 까다로움도 그에 못지않다. 단순히 쓰고 싶은 것을 쓴다는 안일한 태도로는 이 깐깐한 기준을 충족시키기 어렵다. 나의 취미생활을 기꺼이 응원할 사람은 가족이나 친지 정도라는 사실을 잊지 말아야 한다. 자칫하면 일기는 일기장에 쓰라는 차디찬 독설과 마주할 뿐이다.

테슬라 창업자 일론 머스크는 한 인터뷰에서 큰 포부를 가진 학생들에게 어떤 조언을 해주겠냐는 질문에 다음과 같이 대답했다.

"도움이 되고자 하세요. 인류와 이 세상에 도움이 되는 일을 하세요. 쓸모 있는 사람이 되는 건 어렵거든요. 정말 어려워요. 남들에게 도움이 되는 삶을 사셨다면 제대로 된 삶을 사신 겁니다. 살 만한 가치가 있는 삶이었지 않나."

아무리 글값이 똥값인 세상이라지만, 활자로 인쇄된 지식의 힘은 화폐 단위로 폄훼할 수 없는 가치를 지닌다. 대표적인 예가 16세기 서양의 종교개혁이다. 마틴 루터 등장 이전에도 중세 교회의 타락을 비판한 인물들은 있었다. 하지만 그들의 사상은 지역을 벗어나지 못했고, 결국 교회 권력에 의해 묻혔다. 그런데 루터의 『95개조 반박문』은 달랐다. 금속 활자로 찍혀 대량 인쇄되었고, 독일 전역으로 퍼져나갔다. 게다가 라틴어뿐 아니라 독일어로도 인쇄되어, 평신도들도 읽고 이해할 수 있었다. 루터는 아예 성경 전체를 독일어로 번역해 인쇄했다. 성경은 더 이상 성직자의 해석을 거쳐야만 접근이 가능한 신의 말씀이 아니라, 직접 읽고 스스로 판단할 수 있는 활자 텍스트가 된 것이다.

내가 가진 지식이나 지혜 중에 남들에게 도움이 될 만한 것이 무엇일까? 그 지식과 지혜가 설령 최고 수준은 아닐지라도, 그걸 누구에게 어떻게 전달하느냐에 따라 쓸모는 달라질 수 있다. 어쩌면 정보의 깊이보다 더 중요한 것은, 그것이 누구에게, 어떤 순간에, 어떤 방식으로 닿느냐이다.

부족한 지식일지언정, 그것이 누군가에게는 처음 와인을

시작할 용기를 주었고, 마르크스를 공부할 계기를 마련해주었고, 글쓰기를 다시 해보겠다는 다짐을 끌어냈다면, 그것은 이미 쓸모가 있는 글이다. 어떤 독자에게 쓸모 있을지를 정확히 그려보는 상상력, 그 사람을 향해 다가가려는 진심, 그리고 이해하기 쉽게, 재미있게, 명확하게 풀어내는 기술이 어우러진 끝에 비로소 책은 독자의 손에 닿는다. 쓸모는 저절로 생기지 않는다. 설계하고, 다듬고, 조율한 끝에 도달해야 하는 '관계의 성취'다.

책을 쓰는 일은 결국, '나의 무엇이 남에게 도움이 될 수 있을까'를 고민하는 행위다. 쓸모 있는 사람이 되기 위해, 글을 쓰자. 누군가 나의 글을 읽고 조금 더 나은 선택을 하거나, 위로를 받거나, 기분 좋게 웃었다면, 그 순간 글은 가장 정확한 방식으로 '쓸모'를 증명한 셈이다.

글은 '살아지는' 삶이 아니라 '살아내는' 삶에서 나온다

 1 + 1 = 2를 신봉하는 전형적인 이공계 성향답게, 나는 유년기부터 소년기, 청년기까지 글을 참 못 썼다. A4 용지 한 장을 채우는 일이 어찌나 어려운지. 머릿속에는 아이디어와 기발한 생각이 넘쳐나는 것 같은데, 막상 글로 옮기면 다 합쳐서 다섯 줄도 안 되는 경우가 부지기수였다. 솔직히 말해, 글을 잘 쓰고 싶다는 욕망 자체가 없었다. 그러니 글 잘 쓰는 사람을 부러워할 이유도 없었다. '풋! 너는 글 잘 쓰냐? 나는 수학에다 물리까지 잘한다'는 식이었다.

 1990년대 초중반 대학생 시절, 아르바이트로 보습학원에서 수학을 가르치던 때였다. 같은 학원에서 국어를 가르치던

연배 있는 문학 교사에게 슬쩍 고민을 털어놨다.

"머릿속에 생각은 많은데 막상 글을 쓰면 분량이 너무 적어요. 아이디어가 넘치고 재미있는 이야기가 솟아오르는데도, 왜 글은 다섯 줄을 못 넘을까요?"

그는 싸늘하고도 단호하게 말했다.

"승수 씨, 머릿속에 쓸거리가 많은데 글이 안 나오는 게 아닙니다. 승수 씨가 글로 쓸 수 있는 딱 그만큼만 머릿속에 들어 있는 겁니다."

어이쿠야. 그 문학 교사는 성질이 고약한 게 분명하다. 세상 물정 모르는 파릇파릇하고 천진난만한 대학생한테, 부모님 고생 덜어드리려 아르바이트 전선에 나선 대학생한테, 굳이 그렇게까지 직설적으로 말할 필요가 있었을까. 내가 뭘 잘못했나 싶은 생각이 들 정도로 호된 대답 아닌가. 쩝. 지금의 내가 같은 질문을 받는다면 이렇게 대답할 텐데 말이다.

지금의 나: 승수 씨, 전기밥솥을 소재로 글을 쓴다고 생각해봅시다. 만약 열세 살짜리 아이가 밥솥에 관해 글을 쓴다면, 그저 '엄마가 쌀을 씻어서 넣으면 맛있는 밥이 되는 기계'라고 할 가능성이 크겠죠. 하지만 오십이 넘은 기혼 여성이라면 어떨까요? 쌀과 물의 비율 변화와 밥맛의 상관관계를 논할

수도 있고, 사용한 밥솥의 변천사를 통해 인생 역정을 풀어낼 수도 있을 겁니다. 어쩌면 집구석에서 밥통이 날아다닌 충격적 에피소드를 쓸지도요. 승수 씨. 열세 살 아이와 오십 대 여성의 차이는 무엇일까요?

과거의 나: 흠…, 경험의 차이 아닐까요?

지금의 나: 맞습니다. 아시다시피 글의 재료는 '경험'이에요. 열세 살 아이와 오십 대 여성은 전기밥솥에 얽힌 경험의 양과 질에서 차원이 다릅니다. 재료가 달랑 멸치 하나 있는 사람, 다양한 식재료를 구비하고 있는 사람, 어느 쪽이 유리할까요?

과거의 나: 아무래도 다양한 식재료를 준비한 쪽이죠.

지금의 나: 아! 그래요. 승수 씨, 한번 남극에 대해서 표현해 볼래요? 본인이 지금 남극을 방문했다고 가정하고 눈에 들어오는 광경을 떠오르는 대로 말해보세요.

과거의 나: 나…남극이요? 뭐…, 빙하가 보이는군요. 저 멀

리 펭귄도 있네요? 아장아장 걸어가는 모습이 귀엽네요. 시간이 흘러 밤이 되니 오로라가 장관이에요. 얼룩덜룩 시시각각 변하는 게 예술이에요.

지금의 나: 후훗. 역시 예상대로네요.

과거의 나: 아니, 남극이 빙하 있고, 펭귄 있고, 오로라 보이는 곳 아닌가요? 무슨 다른 얘기가 나올 게 있나요?

지금의 나: 남극을 직접 방문했던 분이 뭐라고 얘기했는지 봅시다. 제가 언젠가 신문을 읽다가 소름 돋는 표현을 만났어요. 그 표현을 한 사람은 베스트셀러 작가도 아니고, 국문학 교수도 아니고, 베테랑 기자도 아니었죠. 김예동 극지연구소 남극대륙기지건설단장이었습니다. 그분이 기자에게 '처음 남극에 도착했을 때 느낌은 어땠나요'라는 질문을 받고 이렇게 대답했거든요.

흰색과 파란색 두 가지밖에 없었어요. 창문도 없는 C-130 미군 수송기를 타고 뉴질랜드 크라이스트처치에서 출발해 7시간 반을 날아서 내리니까 눈부신 세계가 펼쳐졌는데 하늘만 파란색이고 그 아래는 전부 흰색이었어요. 다른 색은 어디에도 없었지요.

과거의 나: ….

지금의 나: 어때요? 아까 본인이 묘사했던 남극과 비교해서 차이가 있지요?

과거의 나: 확실히 저렇게 표현하기는 불가능하겠네요. 저는 사진이나 글로 남극에 관한 정보를 얻는데요, 작은 사진 안에는 파란색 하늘과 흰색 빙하가 보이기는 하죠. 하지만 눈을 옆으로 13도만 돌려도 당장 다른 색깔이 들어옵니다. 저는 남극이 아니라 대한민국 서울 금천구 독산동 제 방에 있으니까요.

지금의 나: 맞아요. 그때도 독산동에 살았고 지금도 독산동에 살고 있죠.

과거의 나: 네? 무슨 말씀이죠?

지금의 나: 아! 지금 얘기는 잊어주세요. 자칫 세계선이 교란될 수 있으니까요. 아무튼 정확한 분석이에요(역시 나답군요). 실제로 남극의 빙하 위에 서면 사방 360도로 펼쳐지는 동일한 색감, 하늘과 땅의 단순하고 극단적인 색 대비가 몸 전체로 체감되어 압도감으로 다가오겠죠. 반면 사진은 2차원 평면에서 제한된 각도로만 보여주니, 색이 단조롭다는 사실은 알 수 있어도 그 감각의 깊이까지는 전해주지 못합니다. 김예동 씨의 묘사는 그곳에 실제로 서서 오감으로 체감한 총체적 경험이 압축된 문장이라고 할 수 있어요. 이렇다 보니 작가는 글을 쓰기 위해 직접 몸을 던져 취재하기도 합니다. 프랑스 문학의 거장 에밀 졸라는 『제르미날』을 쓰기 위해 탄광촌에 들어가 광부들과 함께 생활하고 작업 현장을 체험했죠. 미국 작가 존 스타인벡은 농장 노동자들과 함께 생활하며 노동 조건, 기숙사 환경, 급여 체계까지 세세히 조사해 『분노의 포도』를 집필했습니다. 노벨 문학상 수상자 한강 씨는 『소년이 온다』를 쓰기 위해…, 아! 아닙니다! 잊어주세요. 결국 좋은 글을 쓰려면 '경험'이 있어야 합니다. 눈물 쏙 빠지는 연애도 해보고, 근거 없는 기대감에 부풀어 멀리 여행을 떠나기도 하고, 다양한 사람을 만나 그들의 이야기에 귀 기울이기도 하고 말이죠. 때론 도서관에 처박혀 고전을 독파하는 것도 좋

겠죠. 좋은 간접 경험이 될 테니까요.

과거의 나: 하긴, 내내 독서실에서 모의고사 문제집 펴놓고 학력고사 시뮬레이션이나 했는데, 그런 저한테 갑자기 근사한 글이 나오기는 어렵겠네요. 인정합니다. 학력고사 대비법이나 성적 향상 방법을 쓰라면 그래도 제법 쓸 만한 글이 나오지 않을까요? 그런데 솔직히 제 전공이 전자공학이라 글쓰기 능력이 그렇게 필요할까 싶기는 해요.

지금의 나: (묘한 웃음을 지으며) 사실 저도 승수 씨처럼 전자공학을 전공했어요. 글쓰기도 싫어했죠. 그런데 지금은 직업이 작가입니다. 세상일이란 게 한 치 앞을 몰라요. 어떤 직업을 선택하든 글쓰기는 중요합니다. 지금 승수 씨가 공부하는 미적분학, 전자기장, 회로설계도 교재를 쓴 저자의 정성스러운 글쓰기가 있어서 배울 수 있잖아요. 고맙지 않나요? 시간 있을 때마다 틈틈이 양서를 읽으세요. 독서야말로 진짜배기 남는 장사니까요. 생각해보세요. 미적분학, 전자기장, 회로설계 교재에 있는 지식을 일일이 연구해서 손수 발견하고 깨닫는 게 가능하겠어요? 그 교재에 실린 지식 한두 줄을 위해 누군가는 일생을 바쳤는데 말이죠. 좋은 책 한 권에는 인

류 역사 수천 년의 지식과 지혜가 담겨 있습니다. 그것을 며칠 혹은 한두 달 만에 습득할 수 있다면, 이것보다 더 남는 장사가 어디 있겠어요?

과거의 나: 음, 저는 그동안 만화책만 많이 봤는데 이제라도 좀 진지한 책들을 봐야겠다는 생각이 드네요.

지금의 나: 만화책도 좋지요. 최근에 봤던 만화 중에서는 『장송의 프리렌』이 정말 인상적⋯, 아! 아닙니다! 제가 또 헛갈렸네요. 나이 먹으면 이렇게 되더라고요. 흐흐. 만화책도 좋고 진지한 책도 좋지요. 방학 되면 차분한 마음으로 마르크스 『자본론』을 한번 읽어보세요. 어쩌면 그 책으로 인해 삶에 큰 변화가 일어날지도 몰라요. (시계를 보며) 이제 가봐야 할 시간이네요. 한마디만 할게요.

"글은 '살아지는' 삶에서 나오는 게 아니라 '살아내는' 삶에서 나온다."

이 말을 꼭 기억하세요. 나중에 분명 도움이 될 거예요. 아디오스~!

아이디어가 떠오르는 기적의 순간

　모리스 마테를링크의 희곡 『파랑새』를 보면 주인공 꼬마 남매는 파랑새를 찾겠다며 온 세상을 돌아다니다 결국 빈손으로 돌아오는데, 자기들 집 새장 안에 파랑새가 날고 있다는 사실을 뒤늦게 깨닫는다. 행복은 가까이에 있으며 평범한 일상이야말로 소중한 것이라는, 다소 진부하게 느껴질 수 있는 주제를 담고 있다.

　뜬금없이 파랑새 얘기를 꺼낸 이유는, 아이디어야말로 파랑새 같다고 생각하기 때문이다. 좋은 글감 없을까? 끝내주는 제목 없을까? 컴퓨터 책상에 앉아 모니터를 응시하며 애써 아이디어를 구하려고 할수록 오리무중이다. 아, 맞다! 명때리다 보면 떠오른다지? 그 말을 믿고 시체처럼 침대에 누워 있어도 감감무소식. 오히려 자포자기 상태로 산책로를 터덜터덜 걷거나, 싱크대 앞에서 설거지하거나, 욕실에서 머리를 감다 보면, 언제 그랬냐는 듯 날갯짓하며 천연덕스럽게 모습을 드러낸다.

'우째 니가 여기서 나타난다냐?'

행복은 먼 곳에 있는 게 아니라더니, 아이디어도 딱 그렇구나. 우리 집 주방에, 건너편 욕실에, 인근 안양천 산책로에 있으니 말이다. 왜 우리 귀하디귀한 아이디어님께서 하필이면 이렇게 맥락 없이 소소한 곳에 서식하시는지 궁금했다.

심리학에서는 '인큐베이션 효과(incubation effect)'라고 부른다. 문제를 한참 붙잡고 씨름하다가 잠시 내려놓고 한발 물러나 있으면, 무의식이 조용히 작동해 머릿속 정보를 새롭게 조합하고 엮어 예기치 않은 통찰이나 해결책이 떠오르는 현상 말이다. 요컨대 마음방황(mind wandering)하는 시간이 아이디어를 부화시키는 인큐베이터 역할을 한다는 것이다. 마음방황은 '현재 수행 중인 과제나 활동과는 무관한, 자발적이고 내부적으로 생성된 생각에 주의가 옮겨가는 현상'을 일컫는다.

흥미롭게도, 인큐베이션 효과가 구체적으로 어떤 조건에서 잘 발현되는지 증명한 연구가 있다. 캘리포니아 대학교 산타바버라의 조너선 베어드(Jonathan Baird) 교수팀이 2012년에 발표한 논문이다. 제목은 다음과 같다.

Inspired by Distraction: Mind Wandering Facilitates Creative Incubation(산만함에서 영감을 받다: 마음방황이 창의적 인큐베이션을 촉진한다)

실험 참가자 145명은 먼저 대체 용도 과제(Unusual Uses Task, UUT) 두 가지를 각각 2분 동안 풀었다. 대체 용도 과제는 창의성을 측정하는 데 많이 쓰이는 심리검사로, 벽돌이나 신문지처럼 흔한 물건을 보여주고 '이걸 원래 용도 말고 다른 방법으로 얼마나 다양하게 쓸 수 있을지' 생각해보게 한다. 예를 들어 벽돌이라면 문을 고정하는 문진, 야외 테이블 다리, 책장용 벽돌 받침대, 운동용 역기 등 기발한 활용 방법을 적도록 한다.

대체 용도 과제를 마친 뒤, 참가자들은 12분 동안 인큐베이션 시간을 갖게 되는데, 네 가지 조건 중 하나에 무작위로 배정되었다.

고부하 작업(demanding-task): 화면에 1~9까지 숫자가 무작위로 나타나다가 물음표가 뜨면, 바로 전에 본 숫자가 짝수인지 홀수인지 맞히는 집중력 테스트를 수행한다.

저부하 작업(undemanding-task): 화면에 1~9까지 숫자가 무작위로 나타나다가 색칠된 숫자가 나오면 그 숫자가 짝수인지 홀수인지 판단하는 간단한 과제를 한다.

휴식(rest): 아무것도 하지 않고 조용히 앉아 있는 상태로 휴식을 취한다.

휴식 없음(no-break): 인큐베이션 시간을 주지 않고 바로 다음 대체 용도 과제를 풀게 한다.

12분간의 인큐베이션이 끝난 뒤('휴식 없음' 조건은 대기 없이 바로), 참가자들은 다시 4개의 대체 용도 과제(UUT)를 풀었다. 이 중 2개는 처음에 풀었던 과제(반복 문제)이고, 나머지 2개는 새로운 과제였으며, 각각 2분씩 주어졌다. 연구진은 인큐베이션 전후 점수를 비교해 유창성(아이디어 개수)과 독창성(아이디어의 질)으로 효과를 측정했다.

여기서 기존 과제뿐만 아니라 새로운 과제를 함께 제시한 이유는, 좋은 성과가 나왔을 때 인큐베이션 효과인지 아닌지 검증하기 위해서다. 반복 문제에서만 성과가 좋아졌다면 인큐베이션 효과로 볼 수 있지만, 새로운 문제까지 성과가 향상됐다면 인큐베이션 효과로 보기 어렵기 때문이다.

실험 결과는 명확했다. 반복 문제의 경우 고부하 작업(demanding-task), 휴식(rest), 휴식 없음(no-break) 조건에서는 성과 향상이 나타나지 않았지만, 저부하 작업(undemanding-task)에서는 독창성(아이디어의 질) 점수가 평균 40퍼센트 향상되었다. 유창성(아이디어 개수)은 큰 변화가 없었다. 새로운 문제의 경우 네 가지 조건 간에 유의미한 점수 차이가 나타나지 않았다. 실험 결과가 시사하는 바는 다음과 같다.

① 집중력이 요구되는 작업을 하거나, 반대로 완전히 휴식을 취하는 경우 인큐베이션 효과가 나타나지 않는다. 부담이 적고 단순한 작업을 할 때 확연한 효과를 보여준다. 그 효과의 양상은 양보다는 질이 개선되는 방식이다.

② 문제 해결을 위한 사전 고민이 있어야만, 그 고민이 무의식 속에서 재조합되어 창의적 성과로 이어질 수 있다. 새로운 문제에서는 성과 개선이 없었다는 점이 이 사실을 말

해준다.

 그냥 멍때리며 쉬기만 해서는, 기분 전환하겠다며 한껏 집중해 게임이나 해대서는, 창의력에 도움이 되지 않는다는 얘기다. 좋은 핑곗거리가 사라져서 아쉬운가? 걱정 마시라. 이 논문의 존재를 아는 대한민국 사람은 극소수다. 일단 우리끼리만의 비밀로 하자.

 그러고 보니 찰스 다윈은 집 근처에 손수 조성한 '생각의 산책길(Thinking Path)'을 걸으며 아이디어를 정리하고 『종의 기원』의 구상을 구체화했다. 다윈의 아들은 회고록에서 '아버지는 산책할 때 가장 열정적으로 생각했고, 떠오른 아이디어를 곧바로 작은 노트에 적었다'고 전했다.

 루트비히 판 베토벤 또한 산책을 사랑한 사람으로 유명하다. 그는 매일같이 비엔나 근교 숲길을 몇 시간씩 거닐며 음악적 아이디어를 수집했다. 악상이 떠오르면 곧바로 작은 수첩을 꺼내 음표와 단상을 적곤 했다. 초라한 행색으로 멜로디를 읊조리며 산책 중인 베토벤을 부랑자로 오해해 경찰이 불심검문을 한 적도 있다. 다행히 동네 주민들이 '저 사람은 유명한 음악가 베토벤'이라며 나서서 오해를 풀어줬다고 한다.

 그러고 보니 나도 산책을 참 좋아하는구나. 하긴 내가 안양

천 주변을 겁나게 싸돌아다닌다 한들 『종의 기원』이나 교향곡 〈합창〉 같은 작품으로 승화할 위대한 아이디어가 얼마나 떠오르겠는가. 그래도 제법 쏠쏠한 글감이나 단행본 기획이 떠오를 때면, 흰 이를 드러내며 활짝 웃거나 일부러 소리 내어 되뇌기도 한다. 그럴 때면 맞은편 사람이 일부러 나를 피해 가는데, 오해받은 베토벤이 이런 기분이었겠구나 싶어 한층 의기양양해진다.

  자, 끝내주는 아이디어를 얻고 싶은가? 치열하게 고민하라. 그리고 정처 없이 걸어라. 취득 확률 40퍼센트 상승을 보장한다. 이것이야말로 나만의 파랑새를 잡는 비법이다.

작가의 시간과
독자의 시간이 만나는 방법

나 같은 1970년대 초중반 태생은 어릴 적 공산당을 싫어하게 되는 게 시대적 필연이었다. 태어나 보니 대통령은 반공을 국시國是라고 부르짖는 박정희였고, 영화관에서는 부리부리한 눈에 용모 수려한 똘이장군이 웃통을 벗은 채 못생기고 추악한 공산당을 때려잡았다. 만화책을 펴면 정의로운 추적 11호가 북한 간첩을 소탕했고, TV에서는 강간과 살인을 저지르는 무장공비를 3840 유격대가 후련하게 격퇴했다. 매체에 등장하는 공산당은 하나같이 못생기고 추악하고 악랄했다. 세상에 그 어떤 아이가 그런 존재에게 호감을 가질 수 있을까.

군사 독재정권에 의한 세뇌는 어린아이에게 꽤나 성공적이었다. 악몽을 꿀 때면 공산당이 자주 등장했다. 그랬던 내가 지금은 마르크스주의 책을 쓰는 사회주의자다. 똘이장군, 추적 11호, 3840 유격대를 응원하던 초등학생 임승수가 타임머신을 타고 미래로 와 사회주의자가 된 자기 모습을 본다면 어떤 느낌일까. 요술공주 밍키가 트럭에 치여 죽었을 때보다 더한 충격을 받지 않을까. 내가 사회주의자라니! 이 극적인 변화의 원인은 무엇일까?

철딱서니 없는 시절을 지나 한 해 두 해 나이를 먹으며 자본주의 대한민국의 불평등한 현실이 눈에 들어왔다. 이 사회에는 능력의 차이만으로는 도무지 설명할 수 없는 엄청난 빈부 격차가 존재했다. 수많은 노동자가 열악하고 위험한 작업 환경에서 장시간 노동에 내몰려 다치고 죽는 동안, 자본가들은 대대손손 마르지 않을 부를 축적하고 있었다. 일하는 자는 가난해지고, 일하지 않는 자는 부자가 되는 기가 막힌 현실. 분노한 노동자들이 노동조합을 결성해 파업에 나서면 정부는 공권력을 동원해 가혹하게 진압하고, 주동자를 이런저런 구실로 감옥에 보냈다.

노력만으로는 희망이 보이지 않으니 사람들은 부동산, 주식, 코인 등 투기판에 뛰어들어 요행을 노렸다. 상호 부조와 공동체 정신은 무너졌고, 배금주의와 극단적 개인주의가 일상을 지배했다. 심지어 그러한 삶의 태도를 '쿨하다'고 미화하기에 이르렀다. 자본주의 체제를 노골적으로 옹호하는 이들은 대체로 약자와 소외된 이들이 겪는 고통에는 무심했고, 부와 권력을 누리는 자들의 호사스러운 생활을 부러워하기만 했다. 돈의 많고 적음으로 사람의 격을 나누고, 부자에게는 살랑거리고 가난한 이는 무시하기 일쑤였다. 착취당하고 억압당하는 노동자를 위해 위험을 무릅쓰고 활동하는 이들은 오히려 사회주의자들이었다.

이런 현실을 마주하면서 뭔가 근본적으로 잘못됐다는 느낌을 지울 수 없었다. 이 사회는 왜 이렇게 사회주의자, 공산주의자를 잡아먹지 못해 안달일까? 내가 다녔던 학교나 교회에서도 입을 모아 말하곤 했다. 가난하고 소외된 사람을 도우라고, 돈보다 사람이 중요하다고. 그런데 막상 사회주의자들이 그 가르침을 실천하면 '불순 세력'으로 낙인찍히곤 했다. 사회주의자가 탄압받을수록, 노동자에 대한 착취도 노골적으로 강화되었다. 공교육 시스템과 대중 매체를 통해 주입된 지식이 현실의 모순을 설명하지 못한다는 자각에 이르자, 터부시되고 금기시되던 '불온 서적'이 오히려 궁금해졌다.

'오히려 거기에 진실이 있지 않을까?'

그리하여 마르크스 『자본론』을 읽게 되었다. 천지가 개벽하는 충격이었다. 안개 속에 윤곽만 보이던 자본주의의 착취 구조가, 마치 자연과학 이론처럼 구체적인 수치와 계산으로 낱낱이 드러났다. 수학과 물리를 좋아하던 공대생은 그야말로 전율했다.

'이런 게 이렇게 증명될 수 있구나. 너무나 당연한 건데, 왜 이런 걸 모르고 살았지? 교육과 미디어의 영향력이란 참 무섭구나. 이 책을 읽지 않았다면 이런 사실을 영영 몰랐을지도 몰라.'

소름이 끼쳤다. 감춰진 진실, 그것도 누군가에 의해 의도적으로 은폐된 진실을 접하면 삶은 뿌리째 흔들린다. 1980년 5월 광주의 진실을 마주한 사람들의 삶이 뒤흔들렸던 것처럼. 진실은 자신을 목격한 이에게 어김없이, 단호하게 질문을 던진다.

'너는 무엇을 위해 살고 있는가? 가치 있는 삶이란 무엇인가?'

그 질문에 대한 답을 찾는 과정에서 나는 사회주의자가 되었다. 입시 교육을 통해 강압적으로 주입된 지식과는 차원이 다른 통찰을 접하며, 처음으로 지식에 대한 강렬한 취향이 생겼다. 취향이 생기면 맛을 구별하게 된다. 단순히 배가 고파서 먹는 수준을 넘어, 구체적이고 특별한 맛을 추구하는 의식적 활동이 시작된 것이다. 취향 저격 지식을 얻기 위해 마르크스주의 서적을 닥치는 대로 탐독했고, 그것으로도 부족해 1980년대 운동권 서적을 찾아 헌책방을 이곳저곳 뒤졌다. 맛을 아는 몸이 되자 삶의 방향도 달라졌다. 그리고 이 놀라운 사상을 사람들과 나누고 싶다는 열망이 생겼다.

결단이 서면 행동이 빠른 편이라, 곧바로 인터넷 공간에 『자본론』 학습 모임을 만들었다. 참가자들에게 책 내용을 체계적으로 설명하면, 그들도 자본주의의 모순에 눈을 뜨고 사회 개혁에 관심을 갖게 되리라 기대했다. 나처럼 진보적 사상을 전파하는 이들은 인문·사회과학 지식이 두텁기에, 논리로 타인을 설득할 수 있다고 믿는 경향이 있다.

모임은 제법 호응을 얻었고, 수차례 학습 모임을 진행했다. 일부는 마르크스주의에 관심을 갖고 진보 정당이나 사회 단체에 가입하기도 했다. 하지만 적지 않은 이들이 떨떠름하거나 시큰둥한 반응을 보였고, 때로는 극도의 거부감을 드러내기도 했다. 쉽고 재미있게 설명하면 잘될 줄 알았는데, 예상 밖의 반응이 당혹스러웠다. 무엇이 잘못된 걸까?

그 질문에 대한 해답은, 10년쯤 지나고 나서야 떠올랐다. 2006년, 나는 민주노동당 후보로 지방 선거에 출마했다. 말과 글에는 제법 자신 있었기에 직접 연설문을 쓰고, 핸드마이크를 들고 골목골목을 다니며 즉석 연설을 했다. 보수 양당의 기만을 폭로하고, 왜 민주노동당이 대안인지 설명했다. 심드렁하던 노숙자가 연설이 끝나자 박수를 쳤고, 한 할머니는 울음을 터뜨리기도 했다. 그래서 뭔가 희망이 있지 않을까 싶었다. 그러나 내 순진한 기대를 무너뜨리는 경험을 하는 데에는 그리 오래 걸리지 않았다.

아파트 놀이터에서 연설을 하고 있었다. 앞에서 조용히 듣던 할머니 두 분이 연설이 끝나자 박수를 쳐주었다. 뭔가 통했다는 생각에 뿌듯했다. 그런데 약 50미터쯤 떨어진 곳에서 한나라당(현 국민의힘) 로고송을 튼 홍보 차량이 지나갔다. 두 할머니는 벌떡 일어나더니, 음악에 맞춰 어깨와 무릎을 신나게 흔들기 시작했다. 순간 나는 충격을 받았고, 그제야 깨달았다.

'아! 내가 정말 어리석었구나. 몇 분짜리 연설로 사람의 생

각을 바꿀 수 있다고 믿다니.'

 나는 고작 5분 동안 세 치 혀로 말을 늘어놓고, 두 할머니가 살아온 70년 넘는 세월을 온전히 이해했다고 착각하고 있었던 것이다. 사람이 살아온 시간을 계산해보자. 스무 살이면 약 17만 시간, 서른 살이면 26만 시간이 넘는다. 만약 내가 30대 청년에게 2시간 정도 『자본론』의 일부를 강의하고, 상대의 생각을 송두리째 바꿀 수 있다고 믿는다면, 그보다 더 오만한 생각은 없다. 왜냐고? 그 사람이 살아온 26만 시간을 무시하고 있기 때문이다.

 그 오랜 시간 동안 형성된 뇌의 복잡한 연결 구조가 어떻게 한두 시간의 말로 휙 바뀌겠는가. 인간이 그렇게 쉽게 바뀐다면, 그가 살아온 시간은 도대체 무슨 의미가 있겠는가. 상대가 불쾌해하는 건 당연하다. 자신의 시간이 부정당하는데, 화가 나지 않을 리 없다. 나는 사회과학 지식은 쌓았지만, 정작 그 사회를 구성하는 '사람'에 대해서는 몰랐던 것이다.

 그렇다면 어떻게 소통해야 할까? 상대의 시간을 존중해야 한다. 마음속으로만이 아니라, 표현해야 한다. 마음은 보이지 않기 때문이다. 상대가 얼토당토않은 이야기를 해도, '그렇게 생각할 수도 있겠네요'라고 긍정한 뒤, '하지만 이런 시각도 가능하지 않을까요?'라고 조심스럽게 말을 건네자. 상대의 삶을 부정하면, 나 역시 부정당할 수밖에 없다. 나와 상대의 수십만 시간이, 매너와 배려심 속에서 만나야 한다. 나와의 한두 시간 남짓한 만남이, 그래도 조금은 기억에 남는 순간이 되도록 노력하는 것. 이것이 내가 할 수 있는 최대치다.

작가로서도 마찬가지다. 내 글이 독자의 가치관을 송두리째 바꿀 것이라는 주제넘은 생각은 애초에 버렸다. 그저, 내 글을 읽는 그 찰나의 순간이 조금은 인상 깊기를 바랄 뿐이다. 뭐가 이렇게 까다롭냐고? 당연히 까다로울 수밖에 없다. 수십만 시간이 켜켜이 쌓인 한 인간을 변화시키는 게 그렇게 쉬운 일이라면, 인간이라는 존재는 얼마나 허망한가. 우리는 그렇게 허망한 존재에 희망을 걸고 있는 건 아니지 않은가.

2장

책이 되는 글쓰기

글이란 결국 남이 보라고 쓰는 것이다

'내가 볼 땐 잘 쓴 것 같은데 남들은 아니라네요. 뭐가 문제죠?'

나는 단호하게 대답한다. 당연히 당신이 쓴 글이 문제다. 당장 수정하고 새로 쓸 준비를 하라. 글은 어떤 형태로든 타인과 연관되어 있다. 기획서를 쓸 때는 직장 상사를, 이력서와 자기소개서를 쓸 때는 면접관을, 리포트를 쓸 때는 교수나 조교를, 연애편지를 쓸 때는 사랑하는 이를, 소설을 쓸 때는 책을 읽을 독자를 지향한다.

기획서가 직장 상사를 만족시키지 못하면? 자기소개서에

면접관이 코웃음을 치면? 리포트에 교수나 조교가 혀를 차면? 연애편지에 사랑하는 이가 눈살을 찌푸리면? 소설 초고에 편집자가 하품하면? 말짱 도루묵이다. 왜냐고? 글은 남에게 보여주려고 쓰기 때문이다.

일기는 아니라고? 천만의 말씀! 단언컨대 일기도 남에게 보여주기 위한 글이다. 2025년의 내가 2005년에 쓴 일기를 펼쳐보는데, "오늘은 기분 짱. 그녀를 만나니까!"라고 기록돼 있다. 그녀라고? 누구지? 춘천의 경아? 서울의 정화? 2025년의 나와 2005년의 나는 두뇌에 담긴 지식과 기억이 다를 뿐만 아니라 신진대사를 통해 온몸의 세포가 전부 바뀌어 있다. 2005년의 나에게 일침하고 싶다. 이름과 간단한 신상 명세는 꼭 적어놓으라고….

거리에서 마주치는 막무가내식 포교 활동을 떠올려보자. 지나가는 사람의 팔을 낚아채고서는 다짜고짜 "도를 아느냐?"며 일장 연설을 한다. 전철 역 주변에서 확성기를 들고서는 '예수 천국 불신 지옥'을 목청껏 외치는 사람은 어떤가. 대다수 행인은 그런 포교 활동에 곱지 않은 시선을 보낸다. 자기가 하고 싶은 말만 쏟아내는 사람을 그 누가 반기겠는가. 글쓰기도 마찬가지다.

베스트셀러 작가는 독자의 심리를 꿰뚫어 보는 능력이 탁월하다. 그들은 독자가 어떤 감정을 느끼고 어떤 반응을 보일지 안다. 단어 하나 쉼표 하나를 세심하게 살펴, 울어야 할 때 울리고 분노해야 할 때 분노하게 만들며 사랑해야 할 때 사랑하게 만든다. 문장이 문장으로 이어질 때 독자의 심리가 어떻게 변할지 끊임없이 고민하며 고쳐 쓴다. 스타 작사가도 마찬가지이다. 어느 대목에 이르렀을 때 뭇 대중의 가슴이 바르르 떨릴지 안다. 그게 타고난 재능일 수도 있고, 후천적 노력일 수도 있다. 하지만 재능이든, 노력의 산물이든, 그런 능력이 있어야 한다는 점만은 명확하다.

  출판사와 기획회의를 하면 자주 받는 질문이 있다. "이 책의 주요 독자층은 누구인가요?" 독자층에 따라 내용, 구성, 문체, 디자인, 마케팅까지 모든 것이 달라지기 때문이다.

 '역지사지易地思之'

 '입장을 바꿔 생각하라'는 한자 성어다. 글을 잘 쓰고 싶은가? 작업실에 크게 써놓아라. 잊을 만하면 쳐다보면서 염불처럼 되뇌어라. 그럴 만한 가치가 있는 금언이다. 나는 '역지사지'를 깨알같이 발휘해 상을 탄 경험이 두 번이나 있다. 그 자초지종을 하나씩 풀어보겠다.

나와 아내 이유리 작가가 함께 쓴 책 『세상을 바꾼 예술 작품들』은 2008년 한국간행물윤리위원회 '우수저작 및 출판지원 사업'에 당선되어 지원금 1000만 원을 받았다. 당시 7편을 뽑는 데 115편의 단행본 원고가 몰릴 만큼 경쟁이 치열했다. 역시 1000만 원의 힘은 대단하다.

선정하는 건 심사위원이니 그들에게 어필하는 게 관건이었다. 일단 '신인 저자 우대'라고 명시된 부분에 주목했다. 나는 기성 작가이지만 공저자인 아내 이유리 작가는 『세상을 바꾼 예술 작품들』이 첫 책이었다. 제출 문서의 저자 소개에 일부러 다음과 같이 명시했다.

이유리
서강대 사학과 졸업 / 경인일보 문화체육부 기자
저서) 없음

저서가 없다고 굳이 써놓은 게 우스꽝스럽게 보이는가? 하지만 그렇게 쓴 이유가 있었다. 당시 제출 서류에는 '신인 저자'임을 표기하는 항목이 따로 없었다. 그렇다고 바쁜 심사위원들이 제출된 115편 원고의 저자를 일일이 조사해 신인 여부를 확인할 수도 없을 것이었다. 저자 소개란에 저서 제목이 나와 있는지를 기준으로 판단하면 된다고? 기성 저자인데 의도치 않게 자신의 저서 목록을 생략했을 가능성도 있지 않은가. 즉, 저서가 안 적혀 있다고 해서 무작정 신인이라고 판단하기 어렵다.

이런 불확실한 상황에서, 저자 본인이 직접 '저서 없음'이라고 명시해준다면 심사위원은 안심하고 가산점을 줄 수 있다. 추측하건대, 많은 신인 저자들이 그 항목에 '저서 없음'이라는 문구를 쓰지는 않았을 것이다. 무슨 자랑도 아니고, 뻘쭘하지 않은가. 하지만 나는 앞서 언급한 이유로 '저서 없음'이라고 정확히 적어야 유리하다고 판단했다.

제출 서류에는 저자 소개란 외에 '원고 특징 및 차별성'이라는 항목에 제법 넓은 공간이 할애돼 있었다.『세상을 바꾼 예술 작품들』원고의 특징과 차별성을 쓰라는 얘기인데, 아무 생각 없이 썼다면 아마 이렇게 썼을 것이다.

책 주제에 어울리는 26편의 예술 작품을 선정해 두 명의 저자가 13편씩 나눠서 집필했다. 예술 작품을 연도순으로 배열해 목차를 구성했으며 글의 마지막에는 저자의 단상을 담은 인테르메조(간주곡)가 들어간다… (어쩌구저쩌구)

하지만 1000만 원이 갈급했던 나는 치열하게 '역지사지'했다. 단편소설도 아니고 단행본 한 권 분량 원고가 백 편이 넘을 텐데, 소수의 심사위원이 단시일에 그걸 꼼꼼하게 다 읽고 선정하는 건 불가능하다. 먼저 원고 특징 및 차별성 항목을 검토하고, 원고 일부를 발췌독해 확인하는 식으로 1차 심사가 이뤄질 것이다. 그렇다면 1차 심사에서 생존하기 위해 이 항목은 사활을 걸고 써야 한다. 그러면? '내가 하고 싶은 말'이 아니라, 심사위원들이 중요하게 여기는 걸 써야 한다. 나는 사업 공고에서 심사 기준을 다시 살펴보았다. 다음과 같았다.

심사 기준
- 원고의 우수성, 기획의 독창성 및 시장성 등
- 기타 저자 약력, 시의성 등을 유연성 있게 적용

써야 할 것이 명확해졌다. '원고의 우수성', '기획의 독창성', '시장성'이다. 그래서 나는 '원고 특징 및 차별성'을 아래와 같이 적었다.

- 대중이 좋아하는 미술이나 음악 등의 예술 작품을 매개로 그

이면에 존재하는 사회사를 끄집어내 서술하는 방식을 취했다. (기획의 독창성)

• 공저를 통한 역할 분담으로 미술, 음악 등의 다양한 예술 작품을 다룸으로써 소재의 다양성과 참신성을 구현했다. (기획의 독창성)

• 예술을 좋아하는 사람뿐 아니라 인문, 사회 및 정치에 관심이 있는 독자도 흥미롭게 읽을 수 있다. (시장성)

• 〈오마이뉴스〉에 2008년 5월부터 9월까지 '세상을 바꾼 예술 작품들'이라는 제목으로 연재되어 많은 인기를 얻었다. (원고의 우수성)

원고에 대한 믿음, 거기다 제출 서류를 심사위원 친화적으로 작성했다는 자신감이 더해져 내심 당선을 확신했다. 하지만 공저자인 이유리 작가는 그때만 해도 반신반의했다. 당시 문화부 기자였던 이유리 작가는 자사 팩스로 수신된 당선작 공문에서 우리 책을 발견하고 기쁨에 들떠 전화했다. 그때 의기양양하게 말했다. "거봐요. 내가 당선될 거라고 했죠?"

두 번째 상은 글쓰기가 아니라 곡 쓰기다. 초등학교 5학년 때 뒤늦게 피아노를 배우기 시작한 나는, 중학교 진학 후 사춘기의 영향인지 창작욕이 비대해져 작곡에 눈을 떴다. 세상에 존재한다는 사실을 음표로 증명하려고 벼르고 있는데 마침 어버이날 맞이 교내 작곡대회가 열렸다. 곡을 출품해 금상(최고상)을 탔다. 이 일이 계기가 되어 학교 대표로 1988년 제물포 예술제 전국음악경연대회 작곡 부문에 참가했다. 대회 현장에서는 '뱃노래'라는 시가 가사로 주어졌는데, 제한 시간 안에 피아노 반주가 딸린 노래를 작곡해 제출해야 했다. 나는 언제나처럼 '역지사지' 기능을 활성화해 출제자의 의도 파악에 들어갔다.

도대체 심사위원들이 왜 뱃노래라는 시를 제시했을까? 보아하니 베네치아 뱃놀이는 아니고 우리나라 어부 얘긴데, 그렇다면 서양 7음계가 아니라 전통 5음계로 가는 게 맞겠지. 뱃사공들이 파도를 타고 넘실넘실 노 젓는 모습을 멜로디로 형상화할 필요가 있겠어. 피아노 반주는 국악 장단을 살리자. 덩기덕쿵덕, 이런 식으로 말이야.

나름의 분석을 마친 후 순식간에 16마디의 멜로디를 그려 넣고 피아노 반주를 만들었다. 참가자 중 제일 먼저 곡을 제출하고 대회장을 빠져나왔다. 오래전 일이라 가사와 피아노 반주는 기억 안 나지만 어쩐지 멜로디만은 머릿속에 생생하게 남아 있다. 다음의 악보가 그 뱃노래다.

집으로 돌아오는 전철 안에서 어머니에게 "아마 대상 탈

거예요"라고 말했다. 주최 측의 의도에 완벽하게 부합하는 곡을 썼다는 확신에서였다. 그런 내 판단을 알 리 없는 어머니는 무슨 귀신 씻나락 까먹는 소리인가 싶었다는데, 나중에 대상 수상 소식을 듣고 무척 놀라셨다고 한다. 물론, 그런 오만방자한 얘기는 부모님한테만 했다.

어느덧 반백 살 넘은 전업 작가가 되었다. '역지사지' 같은 거창한 단어는 좀 부담스러운, 그저 독자님 눈치를 심하게 보는 소심쟁이가 되어버렸다. 여기에 이 단어를 쓰면 고객님이 불편해하지나 않을까. 이쯤에서 쉼표를 넣어야 숨 좀 돌리시겠지. 누군가에게 요만큼이라도 유용한 사람이 되어야 그나마 먹고살 수 있는, 만만치 않은 세상이다. 더군다나 똥값에,

팔리기는 더럽게 안 팔리는, 무려 '글'이란 걸로 먹고살고 있으니. 그저 고객 만족 제일주의만이 끼니를 연명할 유일한 방법일 수밖에.

음…,

이번 글에 만족하셨습니까, 고객님.
진심으로 그렇기를 바랍니다.

그래서, 좋은 글이란 무엇인가

뜻한 바 있어 다니던 직장을 그만두고 2006년에 첫 책 『차베스, 미국과 맞짱뜨다』를 출간하며 작가가 되었다. 베네수엘라 우고 차베스 대통령이 이끄는 중남미의 정치·사회적 변화를 다룬 책이었는데, 생각지도 않게 주요 언론의 조명을 받으며 정치·사회 분야 베스트셀러가 되었다. 이 책이 광화문 교보문고의 베스트셀러 진열대에 놓여 있던 모습이 여전히 생생하다.

2008년에 출간한 『원숭이도 이해하는 자본론』은 더욱 큰 반향을 일으키며 주요 서점 '올해의 책' 후보에 올랐다. 세상에나! 자본주의를 통렬하게 비판하는 카를 마르크스의 『자본론』해설서가 이렇게나 주목받다니. 이듬해 2009년에는 지금의 아내와 공동으로 집필한 『세상을 바꾼 예술 작품들』이 출간되었는데, 단 7편만을 뽑는 한국간행물윤리위원회 우수저작에 선정되었다. 이 책은 현재 전업 작가인 아내의 첫 책이기도 해 그 의미가 남다르다.

의외로 내 글쓰기가 먹히는구나. 참 신기했다. 원래 글치 공학도였으니까. 사람들은 나를 인문 사회 분야 전공자로 오해한다. 그럴 만한 게 내 저작이 인문 사회 분야에 집중되어 있기 때문이다. 나는 학부와 대학원 모두 전자공학을 전공했다. 그래도 원래부터 글쓰기를 좋아하지 않았느냐고? 천만의 말씀. 학부 시절 교양수업을 들을 때면, A4 한 장 분량의 과제물을 작성하는 것도 힘들어서 쩔쩔맸다. 그렇게 글쓰기라고는 죽어라 싫어하던 내가 당혹스럽게도 글을 써서 생계를 해결하고 있다. 한동안은 글을 쓰다가 '내가 지금 뭘 하고 있는 거지?' 하며 깜짝 놀라기도 했다.

글쓰기 책 저자들을 살펴보면 대개 유명 소설가, 기자, 저술가다. 이들은 원래 글쓰기를 좋아했고 소질과 재능도 타고나 자연스럽게 두각을 나타낸 사람들이다. 운동선수로 치면 고등학교 때부터 수준급 선수로 이름을 날렸고 프로 무대에서도 주전으로 뛰는 엘리트 선수라고나 할까. 그런데 스포츠

계에는 스타 선수가 스타 감독이 되기 어렵다는 속설이 있다. 왜일까? 스타 선수들은 타고난 재능이 뛰어나 경기에서 본능적·감각적으로 움직인다. 이런 선수들은 막상 후배에게 전술이나 기술을 설명할 때, '왜 이렇게 해야 하는지'를 명확히 가르치기가 어렵다. 마치 수학 천재가 "이거 그냥 보면 알잖아요?"라고 말하는 것처럼.

내가 한때 글치 공학도였기 때문에 할 수 있는 얘기가 있다. 처음부터 글쓰기에 소질이 있고, 글쓰기가 재미있어서 열심히 썼고, 결국 글쓰기로 성공한 사람, 그런 사람들은 절대 모르는 글치 공학도만이 할 수 있는 얘기 말이다. 그런 이야기를 담아서 2011년에 『글쓰기 클리닉』이라는 실용서를 출간했다. 그래서 어쩌라고? 당신 성공담을 더 이상 들어주기 피곤하다고? 왜 이런 얘기를 미주알고주알 하고 있느냐면, 『글쓰기 클리닉』의 부제에 내가 추구하는 좋은 글의 정의가 담겨 있기 때문이다.

'목적을 달성하는 결정적 한 방'

좋은 글이란 무엇인가. 누군가는 감동을 주는 글이라고 할 것이다. 어떤 직장인이 자사의 전자제품 설명서를 작성하면서 소비자에게 감동을 주겠다고 '시몬, 너는 이 제품의 성능을 아느냐?'라고 적는다면 금세 일자리를 잃을 것이다. 혹자는 문법과 어법에 맞게 쓴 글이 좋은 글이라고 할지도 모른다. 그렇다면 이상, 김수영 같은 시인이 쓴 문법·어법 파괴 시들은 나쁜 글인가? 그런 식으로 꼬치꼬치 따지면 좋은 글이 무엇인지 명쾌하게 정의하는 게 가능한가 싶겠지만, 15년 전의 나는 젊어서인지 혹은 무식해서 용감했는지 쿠션을 조금도 넣지 않고 다음과 같이 정의했다.

좋은 글이란 '목적'을 달성하는 글이다.

전자제품 설명서는 이용자가 손쉽게 제품을 사용할 수 있도록 돕는 게 목적이다. 그런데 감동을 주겠답시고 '이 제품은 잎새에 이는 바람에도 괴로워하지 않습니다'라고 쓰면 곤란하지 않겠나. 사회 부적응자 낙인만 찍힐 뿐이다. 시는 문법·어법 지식을 자랑하려고 쓰는 게 아니다. 오히려 적극적으로 문법과 어법의 경계를 넘나들며 언어의 가능성을 확장해야 한다. 시를 쓰는 목적은 언어로 구성된 예술 작품을 빚어내는 것이기 때문이다.

모든 글쓰기에는 '목적'이 있다. 구체적인 목적은 상황이

나 사람마다 다를 수 있지만, 잘 쓴 글과 못 쓴 글은 결국 그 목적의 달성 여부로 판가름 날 수밖에 없는 게 엄연한 현실이다. 그런데 생각보다 많은 사람이 글 쓰는 목적을 잊곤 한다.

십 년 전 모 대학교에서 2학점짜리 마르크스주의 교양수업을 담당했는데, 중간고사를 마치고 학생들에게 취업용 자기소개서 쓰는 방법을 알려준 적이 있다. 마르크스주의는 듣는 둥 마는 둥 하더니 자기소개서 작성법 강의 때는 대입을 앞둔 고등학교 3학년처럼 집중하는 게 아닌가. 어떤 학생은 지원할 기업에 제출하려고 쓴 자기소개서를 일부러 가져와 조언을 부탁했는데, 그 일부 내용을 아래에 옮긴다. 참고로 이 글은 언뜻 깔끔하게 잘 쓴 듯 보이지만, 기업에 제출할 자기소개서로서는 치명적인 단점이 있다. 좋은 글이 아니라는 얘기다.

새로운 성과를 창출하기 위해 노력하고 실행했던 경험에 대해 1000Bytes 이내로 설명해주십시오.

유럽, 그 내면을 여행하다
페이스북에 올라오는 똑같은 여행 사진들을 보며, 남들과는 다른 여행을 꿈꾸던 저는 카우치서핑을 통한 유럽 여행을 계획했습니다. 카우치서핑은 여행 SNS로, 여행객들이 현지인의 집에서 묵으며 자연스럽게 문화교류를 할 수 있도록 하는 서비스입니다.

현지인들과 서로의 음식을 맛보고, 생각을 나눌 수 있다는 기대에 저는 한껏 부풀었습니다. 승낙을 얻어내는 일은 녹록치 않았습니다. 200번의 거절, 동양인이라 거절당한다는 피해의식에 휩싸인 적도 있었습니다. 하지만 꿈꾸던 여행에 대한 열망으로 포기하지 않았고 출국 직전, 극적인 첫 승낙을 받을 수 있었습니다.

고생한 만큼 뜻 깊은 여행이었습니다. 4개국 10명의 외국인과 함께하면서 사진으로 봤던 그들의 땅만이 아닌 그들의 마음과 생각을 여행할 수 있었습니다. 스위스에서는 동생이 트랜스젠더임을 덤덤히 밝히며 그의 선택을 존중하고 그의 행복을 바라는 Sam을 보며, 포용력과 개인에 대한 진정한 존중을 느끼기도 했습니다.

목표에 도전하고 그 속에서 귀중한 가치를 얻어낸 경험입니다. 이를 바탕으로 ○○○에서도 새로운 가치를 찾아 나설 용기를 가진 인재가 되겠습니다.

3인 이상이 팀을 이루어 공통의 목표를 달성하기 위해 노력했던

경험에 대해 1000Bytes 이내로 설명해주십시오.

30년, 그 추억들이 모인 자리

대학교 교내 클래식기타 동아리 ○○○○에서 활동하며 30주년 연주회 및 기념식을 기획했습니다. 저와 4명의 임원들은 40~50대 선배들이 동아리에 이따금씩 찾아와 관심을 표현해주시는 걸 봐왔습니다. 선배들과 활동 중인 회원들, 그 모두가 사랑하는 동아리임을 알기에 그만큼 뜻깊은 자리를 만들고 싶었습니다.

"안녕하세요, 선배님. ○○○○ 30기 △△△이라고 합니다." 10~20년 만에 동아리에서 걸려온 전화와 낯선 후배. 시큰둥할 법도 한데 선배들은 무척이나 반가워했습니다. 2개월간 매일 만나며 연주회를 준비하는 틈틈이 선배들에게 전화를 돌리고 현수막 제작, 출장 뷔페 예약 등 기념식을 준비했습니다. 나아가 좀 더 감동적인 기념식을 만들기 위해 고민하던 저희는 동아리방 한편에 보관돼 있던 오래된 사진들로 기념 영상을 제작했습니다. 5명이 둘러앉아 선배들의 유쾌한 사진들을 보며 즐겁게 사진을 골랐고 영상 제작은 공강인 사람이 돌아가며 이어갔습니다. 9월 17일 기념식에서 Carpenters의 노래와 함께 시작된 영상. 한 장씩 스쳐가는 추억에 눈시울을 붉히는 선배들을 보면서 저희의 2개월도 따뜻해졌습니다.

자! 문제점을 파악했는가? 안타깝게도 이 자기소개서는 목적을 망각한 채 동문서답하고 있다. 자기소개서의 목적은 무엇인가. 여행과 음악을 즐기는 멋들어진 자신을 소개하는 것인가. 천만의 말씀. 자기소개서의 진정한 목적은 취업이다. 채용 담당자가 왜 굳이 '새로운 성과를 창출하기 위해 노력하고 실행했던 경험'을 써달라고 했을까. 업무 수행 능력을 가늠하려는 의도다. 그런데 별 관계도 없는 여행 경험담이 적혀 있다. 굳이 연관된 부분을 찾자면 200번의 거절을 뚫은 점? 하지만 어떤 노력으로 뚫었는지 설명이 없다. '3인 이상이 팀을 이루어 공통의 목표를 달성하기 위해 노력했던 경험'은 왜 쓰라고 할까? 협업을 얼마나 잘하는지 알고 싶은 것이다. 그런데 협업 얘기는 없고 기타 동아리 추억밖에 없다.

왜 이런 일이 벌어졌을까? 학생의 머릿속에는 채용 담당자가 뭘 물어보든 상관없이 이미 내세우고 싶은 자기 모습이 있는 것이다. 여행과 음악을 즐기는 문화인의 면모 말이다. 친구를 사귀는 상황이라면 제법 매력으로 작용하겠지만, 채용 담당자는 이 자기소개서에 좋은 점수를 주기 어렵다. 첫째로 지원자가 질문의 의도를 전혀 파악하고 있지 못하며, 둘째로 직장은 여행과 음악을 즐기는 곳이 아니기 때문이다. 나 자신은 안 그러리라 철석같이 믿고 싶겠지만, 그동안 검토했던 자기소개서 상당수가 비슷한 오류를 범했다.

 좋은 글을 쓰려면 자신이 글을 쓰는 목적을 한시도 잊지 않아야 한다. 확실한 목적의식이 글을 올바른 방향으로 이끈다.

글쓰기는 美에 대한 사랑에서 비롯된다

바흐가 1741년에 완성한 〈골드베르크 변주곡〉은 아리아와 30개의 변주로 이루어진 대곡이다. 원래 하프시코드 곡인데 현대에 와서는 주로 피아노로 연주한다. 중학생 때 피아니스트 글렌 굴드가 연주하는 바흐 골드베르크 변주곡 음반을 듣고 큰 충격을 받았다. 하프시코드의 소리를 재현하겠다는 듯 초지일관 논레가토 주법으로 연주하는데, 진주처럼 알알이 꽂히는 음 하나하나가 강물을 거슬러 올라가는 연어처럼 생명력이 넘친다. 이건 못 참지! 무엇엔가 홀린 듯 악보를 샀다. 지금도 여전히 가지고 있는데, 세월을 정면으로 받아 앞표지는 찢어져 분실됐고 뒤표지에는 주민등록번호처럼 '1983년

12월 30일 초판 발행'이 덩그렇게 인쇄되어 있다.

 음표를 하나하나 확인하며 꾸역꾸역 연습했지만, 실력과 끈기가 모두 부족해 아리아와 초반부 변주 몇 개를 익힌 정도에 그쳤다. 어느덧 나이를 먹고 50대 아저씨가 된 어느 날 임윤찬 피아니스트의 카네기홀 실황 연주를 들었다. 충격이었다. 서양 음악 역사상 가장 위대한 건반악기 곡이라 할 〈골드베르크 변주곡〉을 20대 극초반의 피아니스트가 인생 3회차 정도 되는 내공으로 연주하는 것 아닌가. 음표 하나에도 의미를 부여한 듯한 집중력과 밀도감. 그럼에도 물이 흐르듯 자연스러운 서사. 최고의 바흐 스페셜리스트라 불리는 글렌 굴드의 연주조차 뛰어넘는다고 느꼈다.

 특히 21변주에서 22변주로 넘어가는 부분이 인상적이었다. 7도 카논 형식의 21변주, 임윤찬 피아니스트는 다소 느린 템포로 연주해나간다. 연이어 등장해 겹겹이 쌓이는 선율들은, 인생이라는 인과율에 짓눌려 절망의 심연에 빠진 이들이 내뻗는 손짓과도 같다. 그 고뇌와 절망의 음률은, 하행하는 왼손 분산화음의 '솔' 음으로 마무리된다. 그 마지막 음의 여운에 이어 다소 어색하게 느껴질 정도로 긴 정적이 흐른 후, 임윤찬 피아니스트는 22변주의 첫 음(왼손 엄지)과 둘째 음(오른손 약지)을 조심스럽게 누른다. 두 음에서 시작되어 퍼져나가는 선율에서 나는 그야말로 전율했다.

잔잔한 호수에 조약돌이 던져져 파문이 시작되는 순간, 어둠이 차 있던 공간에 작은 틈이 생기고 빛줄기가 스며들어오는 순간처럼 느껴졌기 때문이다. 그 파문(혹은 빛줄기)은 조용히 영역을 넓혀나가며 호수(혹은 공간)에 잔잔한 울림을 만든다. 도돌이표로 반복되는 시점에 이르러서는 이미 호수(공간) 전체로 퍼져나가고 있다. 그동안 수도 없이 〈골드베르크 변주곡〉을 들었지만 22변주가 특별하다는 느낌을 받은 적은 없었는데. 이렇게나 가슴 벅찬 감동의 눈물이 맺힐 줄이야. 이후로는 넋을 잃고 들었다. 정신을 차리니 마지막 아리아가 연주되고 눈에는 눈물이 흐르고 있었다.

이 체험이 너무나 신기해서 글렌 굴드와 비킹구르 올라프손의 같은 부분을 일부러 찾아서 들어봤지만, 역시나 임윤찬의 연주에서 받은 감동을 재현할 수는 없었다. 21변주 마지막 음을 길게 끌어간 후, 한참 정적을 음미하다가, 22변주 첫 음에서 그렇게나 조심스럽게 건반을 누르는 모습을 보면, 이건 분명한 의도를 가지고 연주한 것임이 명백하다. 21변주와 22변주의 이러한 유기적 연결은 곡의 분위기를 일거에 전환하는 놀라운 시도다.

나만 이렇게 느끼는 건가 싶어서 클래식 음악 커뮤니티에 관련 내용을 올렸는데, 공감의 댓글이 주렁주렁 달렸다. 그중 몇 개를 옮긴다.

와, 저랑 포인트가 같아요. 21번에서 22번 넘어가는 그 부분이 저의 울음벨인데… 듣고 있으면 꼭 그 지점에서 가슴이 미어터지면서 눈물이 주루룩 흐르고 있답니다. 저도 그게 신기해서 올라프손 거도 들어보고 굴드 거도 다시 들어보고 그랬지만… 저 심연의 바닥에서 한 줄기의 빛을 비추면서 위로 올라가라고 채찍질해주고 응원해주는 전주곡 같은 22번이에요.

저도 임윤찬 피아니스트의 22번 정말 특별하다고 생각했어요. 다른 연주자들과 다르게 과거의 즐거웠던 시간을 아련하게 떠올리면서 희망을 주는 느낌이라 넘 좋았어요. 고양·통영에서 다 달랐지만 제게는 희망을 가지라고 연주해주는 거 같아 넘 고마운 곡이네요.

임윤찬의 22번 변주 아주 아주 아주 특별하죠. 특히 트릴이 있는 곳까지 una corda 밟고 연주하다가 트릴에서 서서히 떼는데 물안개가 걷히는 느낌 정말 환상적이에요. 저도 임윤찬의 22번이 너무 좋아서 수많은 연주자들의 22번을 찾아 들어봤지만 임윤찬의 연주에서만 느낄 수 있는 큰 울림과 특별함이 있었어요. 실연에서 들으면 더 어마어마합니다.

임윤찬은 쇼팽 에튀드 전집 음반을 제작하면서 〈Op.25 No.7〉 곡의 도입부 단 두 마디를 7시간 동안 연습했다고 한다. 왼손으로만 연주하는 단선율인데 나 같은 방구석 아마추어조차 초견으로 연주할 수 있는 부분이다. 그런데 왜 그렇게나 많은 시간이 소요됐을까. 임윤찬은 언론과의 인터뷰에서 그 연습 과정을 다음과 같이 들려주었다.

"첫 음을 누를 때 심장을 강타하지 않으면…,
그건 연습이 아닌 거잖아요.
첫 음 솔 샵을 누르는데 만약에 심장을 강타했다?
그러면 다음 음으로 넘어가는 거죠.
다음은 레 샵을 넘어가는데 느낌이 안 살면…,
계속… 그걸… 하는 거죠, 그냥….
그리고 그 레 샵이 심장을 강타했다면,
첫 번째 음과 두 번째 음을 연결해서 연습하고…,
그 연결한 그 두 음이 심장을 강타하지 않으면
다시 하는 거고,

그 두 음이 제 심장을 강타했다면,

세 번째 음으로 넘어가는 거죠. 세 번째 음만 연습하고,

첫 번째 두 번째 세 번째 음을 연결시켰을 때 심장을 강타하면,

네 번째 음으로 또 넘어가고…,

이런 식으로 연습했던 것 같습니다."

음악에 대한 임윤찬 피아니스트의 끝을 알 수 없는 사랑과 헌신이 그 본연의 모습을 드러내는 순간이며, 왜 그의 연주가 그토록 특별하게 들리는지 깨닫게 되는 순간이다. 임윤찬은 어째서 음악을 이토록 사랑하게 되었을까? 음악이 그 무엇보다도 아름답다고 느꼈기 때문일 것이다.

문득 2023년 1월에 읽었던 정지아 작가의 소설 『아버지의 해방일지』가 떠올랐다. 문학(특히 순문학)이라고는 오랫동안 거들떠보지도 않던 내가, 당시 업무상 필요로 『아버지의 해방일지』를 읽다가 내 글이 문학적이지 않은 진정한 이유를 깨닫게 되었다. 정지아 작가의 문장에서는 '언어' 그 자체에 대한 사랑이 오롯이 느껴진다. 진저리가 날 정도로 집요한 사투리 구사, 구석구석까지 스며 있는 세밀한 묘사 하나하나가, 임윤찬 피아니스트의 연습 과정을 떠올리게 만든다. 언어라는 대상을 사랑하지 않으면 저렇게까지 극한으로 세공할 수

없을 것이다. 심지어 자신과 가족의 인생사까지 땔감으로 갈아 넣어 언어를 빚어내고 있지 않은가.

고백하자면, 나는 언어를 그다지 사랑하지 않는다. 어릴 적에도 글쓰기에 관심이 없어 A4 용지 한 장 채우는 걸 버거워했다. 차라리 음악을 훨씬 좋아해서 피아노를 연습할 때면 (뒤늦게 시작해 그렇게 잘 치지도 못하는 주제에) 건반 타건 방식과 그에 반응하는 소리의 미묘한 변화를 진지하게 파고들었다. 소설가가 언어를 세심하게 매만지듯 말이다. 확실히 그 시절의 나는 음악을 사랑했다. 지금도 그 여진이 계속되어 『피아노에 몹시 진심입니다만,』이라는 책을 쓸 정도이니.

그러던 내가 어느새 전업 작가가 되어 글을 쓰고 있는 것은, 마르크스주의를 접하면서 착취와 차별이 없는 평등한 세상에 대한 사랑과 열망이 생겼기 때문이다. 인류가 그런 사회를 건설한다면 그것보다 더 아름다운 일은 없을 거라는 생각이 나를 글쓰기로 인도했다. 이 소중한 가치를 전하는 데에 글이 (임윤찬의 피아노처럼) 훌륭한 도구이기 때문이다.

물론 직업 작가이니 기왕이면 더 좋은 글을 쓰고 싶은 마음이야 왜 없겠냐만, 그것도 미문을 쓰고 싶다거나 문학적 성취를 이루고 싶은 것과는 거리가 멀다. 좀 더 많은 사람에게 쉽고 재미있는 문장으로 사회주의의 가치를 알리고 싶다는 마음에 가깝다. 아무래도 '언어'라는 기표보다는 '현실'이라는 기의가 본질이라고 믿는 유물론자이니 그렇겠지.

아름다움을 느끼는 대상이 누구나 같을 이유는 없다. 임윤찬 피아니스트는 〈골드베르크 변주곡〉에서, 정지아 작가는 전라도 방언에서, 나는 사회주의에서 아름다움을 느낀다. 글쓰기는 그런 미美에 대한 사랑에서 비롯된다. 자식 얼굴에 돋은 작은 점 하나를 누가 더 잘 알아보겠는가. 그 자식을 누구보다 사랑하는 부모가 아니겠는가. 사랑해야만 보이는 것들이 있다. 그렇기에 사랑할 때만 표현할 수 있는 소리, 쓸 수 있는 글이 있기 마련이다.

뼛속까지 유물론자인 나로서는 너무나 모순적이지만, 문득 다음과 같은 성경 구절이 떠오른다.

"내가 사람의 모든 말과 천사의 말을 할 수 있을지라도, 내게 사랑이 없으면, 울리는 징이나 요란한 꽹과리가 될 뿐입니다. 내가 예언하는 능력을 가지고 있을지라도, 또 모든 비밀과 모든 지식을 가지고 있을지라도, 또 산을 옮길 만한 모든 믿음을 가지고 있을지라도, 사랑이 없으면, 아무것도 아닙니다. 내가 내 모든 소유를 나누어줄지라도, 내가 자랑 삼아 내 몸을 넘겨줄지라도, 사랑이 없으면, 내게는 아무런 이로움이 없습니다."(『고린도전서』

13장 1~3절, 새번역)

 이제는 안다. 좋은 글은 기술이 아니라 아름다움에 대한 사랑에서 시작된다는 걸. 임윤찬의 손끝처럼, 문장도 결국 그 사랑을 따라 움직여나간다.

사람의 마음을 움직이는 글쓰기 비법

　운전을 잘하고 싶다면 우선 차가 어떻게 작동하는지부터 알아야 한다. 마찬가지로, 내 글로 사람의 마음을 움직이고 싶다면 사람의 마음이 어떻게 움직이는지부터 알아야 한다. 사람의 마음이 가장 격렬하게 움직이는 때는 언제일까? 극장에서 영화를 볼 때이지 않을까. 한참 배꼽 잡고 웃다가 어느새 눈에 눈물이 글썽글썽 맺히고, 화가 나다가도 돌연 잔잔한 감동에 휩싸이니 말이다. 누군가 대로변에서 이러한 모습을 보인다면 조울증을 앓고 있다고 오해받을 정도다.

　사실 극장에서 일어나는 일이란 게 별다를 건 없다. 스크린을 통해 관람객의 안구에 형형색색의 빛을 쏴주고, 스피커를 통해 귓구멍에 음파를 쏴줄 뿐이다. 아! 4D상영관에서는 좌석도 흔들어주고 바람도 쏴주는구나. 뭔가 일관성 없어 보이는 일련의 행위에는 의외로 공통점이 있다. 바로 감각기관을 정성 들여 자극한다는 점이다.

시각, 청각, 미각, 후각, 촉각으로 구성된 인간의 감각기관은 외부 정보를 얻는 창이다. 예를 들어 시각을 담당하는 안구의 시신경 세포는 빛을 감지하면 그에 대응하는 전기 신호를 생성해 뇌로 전송한다. 뇌는 그 전기 신호를 분석해 시각 이미지를 생성하고 그 결과 우리는 세상을 볼 수 있는 것이다. 우리는 세상을 직접 인지하는 게 아니라, 뇌가 전기 신호를 해석해 복원한 그림을 감상한다. 마찬가지로 소리, 맛, 촉감, 냄새도 감각기관이 생성한 전기 신호를 뇌가 분석해 각각의 이미지를 생성한다.

뇌가 생성한 이러한 이미지들을 통해 우리는 아름다움, 분노, 슬픔, 희열, 놀라움 등의 감정을 느끼게 된다. 끝없이 펼쳐진 바다를 '보고' 경탄하고, 제주산 은갈치 구이를 '맛보고' 행복해지며, 화장실에서 똥 냄새를 '맡고' 불쾌해진다. 이제 당신은 답할 수 있을 것이다. 사람의 마음은 어떻게 움직일까? 그렇다. 오감을 통해 얻은 외부 자극으로 움직인다. 아무것도 보이지 않고 들리지 않고 맛이나 향기, 촉감도 존재하지 않는다면 그 무슨 감정의 움직임이 있겠는가.

그러면! 글로 사람의 마음을 움직이려면 어떻게 해야 할까? 오감을 자극해야 한다. 내 글로 보여줘야 하고, 들려줘야 하고, 냄새를 맡게 해야 하고, 맛과 촉감을 느끼게 해야 한다. 사람은 그런 과정을 통해 마음이 움직이는 존재니까.

지금부터 두 개의 예문을 보여주겠다. 예전에 글쓰기 강의를 할 때 참가자가 제출한 과제물이다. 자신의 장점에 대해서 어필하는 내용인데, 찬찬히 읽고 어느 쪽이 더 마음에 와닿는지 선택하라. 정답이 있는 건 아니니 맘 편하게 가지시라. 사람마다 취향이 다르지 않은가. 다만 둘 중 어느 한쪽이 압도적 간택을 받는다는 점은 염두에 두자.

예문1

저의 장점은 협업을 지향하는 것입니다.

학창 시절 방송부의 부장으로 활동하였을 때 방송부의 인원이 부족해 행사 진행이 어려운 상황이었습니다. 행사를 앞두고 마땅한 대안이 없는 상황에서 제가 영상디자인부와의 협업을 제시하였습니다. 기존 구성원과 약간의 갈등이 있었지만, 효율성을 내세워 설득한 후 체계적인 역할 분담을 하였습니다. 그 결과 팀워크가 잘 맞아 행사를 성공적으로 마칠 수 있었습니다.

원만한 협업을 위해선 상대방의 입장을 배려할 줄 알아야 한다고 생각합니다. 이를 위해 저는 항상 열린 마음으로 상대방의 의견을 수용하려 합니다.

이런 저의 장점을 가지고 동료·선배·사회와 협력하여 조직의 목표가 실현되도록 노력하겠습니다.

예문2

어머니는 다른 또래들에 비해 말 배우는 것이 느리고 어눌하게 말하는 저를 많이 걱정하셨습니다. 잘 못 말하는 부분을 지적해주시고 바른 발음이 나올 때까지 계속 시키며 노력했었지만 차도가 없자 네 살 때부터 대구 계명문화대 대명캠퍼스 네거리에 있었던 언어치료실에서 치료를 받게 되었습니다. 세 평 정도의 좁은 공간에 책상이 가운데 놓여 있었고 내과에서 볼 법한 차가운 쇠 막대기, 수술용 장갑, 수십 장의 단어카드, 거울, 녹음기가 놓여 있었습니다. 구석 책장에는 한 층이 전공책으로 가득 채웠고 나머지 공간은 소리가 나는 장난감들로 채워져 있었고 그 방에는 삼십 대 후반의 남성분이 의자에 앉아 계셨습니다.

그 남성분은 수술용 장갑을 낀 손으로 제 혀의 위치를 바로 잡아주시고 똥 누는 소리 내지 말라며 자연스러운 발음이 나올 때까지 계속 시켰습니다. 맘 같아서는 정확한 발음을 해서 빨리 답답하고 무서운 언어치료실에서 나와서 건너편 편의점에서 파는 딸기맛 셰이크를 먹고 싶었습니다. 빨리 나가고 싶어서 열심히 했지만 선생님의 표정은 늘 찌푸렸고 그 모습을 볼 때마다 입과 혀가 내 맘 같지 않아서 너무나 속상했습니다.

과정을 포기하고 싶었지만 당시 더이상 어눌한 말투 때문에 또래들에게 놀림을 받기 싫었기 때문에 포기할 수가 없었습니다. 너무나 수치스러웠기 때문입니다. 한번은 제가 종이를 붙이려고 친구에게 풀을 빌려달라고 말했습니다. 처음에는 그 친구가 못 알아들은 듯 다시 한번 말해달라고 했습니다. 다시 말하자 그 친구는 피식 웃은 채 다시 한번 말해달라고 했습니다. 그날 "풀 좀 빌려줄래?"를 열 번도 넘게 말했습니다. 상당히 수치스러웠고 화가 났지만 참을 수밖에 없었습니다. 그렇게 목이 쉬어버리고 안면 경련을 참아가며 10년을 보내는 동안 포기하지 않고 다시 도전하는 오기가 몸에 배였습니다. 앞으로 프로젝트를 하면서 수많은 시행착오를 겪겠지만 다시 도전할 수 있는 자신감이 있습니다.

자, 어느 쪽을 선택했는가? 예문1을 선택했다면 당신은 극소수파다. 예문2라고? 그렇다면 당신은 압도적 다수파 당첨이다. 극소수파라서 걱정되는가? 그럴 필요 없다. 앞서 얘기했듯이 그저 취향일 뿐이다. 다만 글을 쓰는 입장이라면 이야기가 달라진다. 당신이 예문1 스타일로 글을 쓴다면 백 명의 독자 중에서 고작 한두 명만 마음이 움직이기 때문이다.

그렇다면 예문1은 구체적으로 어떤 문제가 있을까. 본문을 보면 영상디자인부와의 협업을 제시했다는데, 혹시 무슨 협업인지 설명할 수 있는가? 기존 구성원과 약간의 갈등이 있었다는데, 상대편과 말다툼으로 틀어진 건지 아니면 상대편이 약속 시간에 늦은 건지 알 수 있는가? 효율성을 내세워 설득한 후 체계적인 역할 분담을 했다고 하는데, 도대체 무엇을 했는지 적혀 있지 않다. 갈등, 효율성, 역할 분담, 이런 보이지도 않고 냄새도 나지 않는 추상적 단어들만 난무하니 머릿속에 구체적인 이미지가 떠오르지 않는다. 이렇듯 감각 자극이 없으니 마음이 움직일 리 만무하다.

그렇다면 예문2는 어떨까? 우리는 심지어 언어치료실 인근까지 찾아갈 수 있다. 대구 계명문화대 대명캠퍼스 네거리에 있다고 하지 않나. 언어치료실이 그냥 좁다고 하지 않았다. 구체적으로 세 평 정도라고 특정하고 그 안에 있는 다양한 사물들을 차례차례 언급한다. 자연스럽게 시각 이미지가 떠오른다. 의자에 앉은 삼십 대 후반의 남자가 장갑을 낀 손으로 혀의 위치를 교정하는 과정에서 어떤 소리가 나는지도 언급하고 있다. 변기에 앉아서 똥을 눌 때 힘주는 소리 비슷하단다. 관련된 청각 이미지를 떠올릴 수 있다. 언어 치료를 마치고 얼른 딸기맛 셰이크를 먹고 싶었단다. 미각까지 자극하려는 글쓴이의 노력이 가상하다. 언어장애 때문에 친구들에게 놀림당했던 기억을 얘기하며 "풀 좀 빌려줄래"를 열 번도 넘게 말했다고 구체적으로 회상한다.

사람의 마음을 움직이기 위해서는 내 글로 독자의 감각기관을 자극해야 한다. 좀 더 보여주고 좀 더 들려주고 좀 더 맛을 느끼게 해야 그나마 읽는 이의 마음이 움직이지 않겠는가. 놀라운 사실은, 지금까지 한 모든 얘기가 전 국민이 중학교에서 이미 배운 내용이라는 것이다. 그럴 리가 없다고? 이렇게 생소한데? 눈치 빠른 사람은 이미 그 단어가 떠올랐을 것이다. 바로 '심상'이다.

글로 보여줘라? 시각적 심상. 글로 들려줘라? 청각적 심상. 글로 향기를 맡게 하라? 후각적 심상. 글로 맛을 선사하라? 미각적 심상. 글로 촉감을 선사하라? 촉각적 심상. 글로 여러 감각기관을 동시에 자극하라? 공감각적 심상. 객관식 정답 찾는 것에만 혈안이 되어 지식의 진정한 의미를 배우기 어려운 대한민국 교육의 폐해가 아닐 수 없다.

삼십 초 안에 소설을 잘 쓰는 법을 가르쳐드리죠. 봄에 대해서 쓰고 싶다면, 이번 봄에 어떤 생각을 했는지 쓰지 말고, 무엇을 보고 듣고 맛보고 느꼈는지를 쓰세요. 사랑에 대해서 어떻게 생각하는지 쓰지 마시고, 연인과 함께 걸었던 길, 먹었던 음식, 봤던 영화에 대해서 아주 세세하게 쓰세요. 다시 한번 더 걷고, 먹고, 보는 것처럼. 우리의 마음은 언어로는 직접 전달되지 않는다는 것을 기억하세요. 우리가 언어로 전달할 수 있는 건 오직 감각적인 것들뿐이에요. 이 사실이 이해된다면, 앞으로 봄이 되면 무조건 시간을 내어 좋아하는 사람과 특정한 꽃을 보러 다니고, 잊지 못할 음식을 먹고, 그날의 날씨와 눈에 띈 일들을 일기장에 적어놓으세요. 우리 인생은 그런 것들로 구성돼 있습니다. 그렇다면 소설도 마찬가지예요. 이상 강의 끝.

- 김연수, 『소설가의 일』, 문학동네, 2014, 217~218쪽

소설가 김연수의 말이 맞다. 황순원의 단편소설 「소나기」에 소년은 소녀가 죽어서 '슬펐다'는 얘기 따위는 절대 나오지 않는다. 그럼에도 독자는 눈물 콧물 다 쏟는다. 소년과 소녀 사이에 있었던 일을 유튜브 동영상 수준으로 보여주기 때문이다. 마찬가지로 낙지볶음이 '맛있었다'고 백날 떠들어 봐야 그 맛있음은 1퍼센트도 전달되지 않는다. 그러면 어떻게

해야 할까? 아래에 나의 책 『와인과 페어링』에 나오는 글 일부를 옮긴다.

내가 낙지볶음에 제대로 빠지게 된 장소는 서울 종로구의 음식점 '서린낙지'다. 이곳은 독특하게도 낙지볶음에 소시지와 베이컨을 함께 데워서 먹는다. 워낙 장사가 잘되는 곳이라 그런지 식사 시간쯤에 방문하면 자리마다 즉시 조리가 가능하도록 미리 세팅되어 있다. 불판 위에 얇은 쿠킹 포일이 놓여 있고, 쿠킹 포일 바닥에는 베이컨이 낮은 포복 자세로 바짝 붙어 있다. 그 위로 고봉밥처럼 차곡차곡 소시지, 감자, 파, 양파, 콩나물 등 식재료가 쌓여 있는데 자신을 흡입해줄 손님을 다소곳이 기다린다.

적당한 자리에 앉아 주문하면 금세 낙지볶음, 소시지 찍어 먹을 빨갛고(케첩) 노란(머스타드) 소스, 그리고 공깃밥이 나온다. 낙지볶음 접시를 집어 들어 예의 고봉밥 비스무리한 녀석 위에 부어버리고서는 가스버너의 불을 켠다. 이내 식재료로부터 물이 스며 나오고 콩나물과 채소의 숨이 적당히 죽으면 요리조리 뒤섞어준다. 딱 봐도 맛있을 게 분명할 정도로 양념 색이 고루 배어들면 적당히 불을 줄인다.

이제 젓가락을 들고선 탱글탱글한 소시지를 하나 집어 들어 빨갛고 노란 소스에 쿡 찍어 한입 베어 문다. 흐헤후호호. 갓 데워져 김이 모락모락 나는 소시지가 갑작스레 혀와 만났을 때 반사적으로 나오는 소리다. 움찔하는 혀에 이리 치이고 저리 치이며 입안 구석구석 돌아다니는 소시지 덕분에 구강 가득 따스한 온기가 조성된다. 입안 온도가 올라가는 만큼 소시지 온도는 적당히 하강하는데, 그때부터 꼭꼭 씹어서 넘기면? 그거참 맛있구먼.

이제 낙지 차례다. 고추장 갯벌에서 이제 막 기어 나온 듯한 붉은 색에, 가지런히 도열한 동그란 빨판이 시각적으로 침샘을 자극한다. 손가락 굵기만 한 녀석을 하나 집어 들어 입에 넣는다. 식감에서조차 끈끈한 생명력이 느껴지는데, 질끈 파고든 치아를 탱글탱글한 반발력으로 냅다 밀어낸다. 이놈 봐라? 짓이긴다는 느낌이 들 정도로 잘근잘근 씹어주면 달짝지근한 감칠맛과 매콤한 양념 맛이 어우렁더우렁 혓바닥이 아릴 정도로 전해진다. 아플 정도로 얼얼함이 느껴지면 미지근한 콩나물국 국물을 한 모금 들이켜준다. 캬! 쥐기네!

음,
내 글에 당신의 마음이 움직였기를 바란다.

개성 있는 글을 쓰는 비법

 개성 있는 글을 쓰려면 일단 '개성'이 뭔지부터 알아야 할 것이다. 국어사전에는 '다른 사람이나 개체와 구별되는 고유의 특성'이라고 나온다. 그래! 남과 다른 길을 가면 되는 거야. 과연 그것으로 괜찮을까?

 2005년 7월 30일 토요일, 지상파 방송국의 생방송 음악 프로그램에서 한 인디 밴드가 공연 중이었다. 우정 출연한 인디 밴드 동료들이 함께 무대에 올라 흥을 돋우던 찰나, 그중 두 명이 갑자기 앞으로 나서더니 하의를 내려 성기를 드러내고서는 카메라 앞에서 껑충껑충 뛰었다. 이 돌발 행동은 어쩌면 주류 문화에 대한 거부감을 표출하는 급진적 퍼포먼스였을

지도 모른다. 다른 이들과 확연하게 구별되는 이 고유한 행위는 과연 '개성'으로 인정받았을까?

이 사건으로 해당 음악 프로그램은 폐지되고 관계자들은 일자리를 잃었으며 인디 밴드들은 한동안 방송에 출연할 기회를 박탈당했다. 그러니 관객과 시청자에게 불쾌감과 혐오감을 초래하고 인디 밴드 진영에 궤멸적 타격을 입힌 민폐 행위를, 남과 다르다는 이유만으로 안일하게 개성이라고 부를 수는 없을 테다.

그렇다면 진정한 개성은 무엇일까? 개성은 '관점의 전환'에서 나온다. 우리는 보통 세상을 '있는 그대로' 본다고 생각한다. 하지만 기실 우리는 세상을 있는 그대로 보지 않고 익숙한 틀로 본다. 당연하다고 믿어온 것들, 늘 그래 왔던 방식, 동일한 감정의 패턴. 매일 같은 궤도를 도는 해와 달을 마주하며, 우리는 한동안 지구가 우주의 중심이라고 굳게 믿지 않았던가.

관점을 전환하면, 지구가 오히려 태양 주위를 돌고 있다는 사실을 깨닫게 된다. 관점을 전환하면, 콜럼버스의 신대륙 발견은 스페인의 아메리카 침략으로 바뀐다. 관점을 전환하면, 지구 중력(뉴턴 역학)은 시공간의 뒤틀림(아인슈타인 상대성이론)으로 전변한다. 관점을 바꾼다는 것은, 낡은 눈을 벗고 새로운 눈을 얻는 것이다. 남들이 지나치는 풍경에서 멈춰 서는 것, 남들이 외면하는 질문을 붙잡는 것. 그리고 그 안에서 나만의 방식으로 의미를 길어 올리는 것이다.

진정한 개성은 그저 남들과 다르게 꾸미는 데 있지 않다. 남들과 다르게 '보는 법'을 아는 데 있다. 이것이 관점의 전환이다. 관점의 전환은 평범한 세계를 특별한 세계로 바꾼다. 다음의 시를 통해 그 놀라운 효과를 만나보자.

그러고 보니
오늘 나와 함께 태어난
내 죽음도 쉰세 살
내 죽음도 쉰세번째 가을
어서 드시게

오늘은
꾹 참고 나를 보살펴준
내 죽음과
오붓하게 겸상하는 날
일년 내내 잊고 지내
미안해하는 날

고마워하는 날

- 이문재의 「생일」 중에서

(『지금 여기가 맨 앞』, 문학동네, 2014, 69쪽)

'생일'이라는 단어를 접하면 대개 탄생과 삶의 순간을 떠올리기 마련이다. 그러나 쉰세 살의 시인은 돌연 정반대의 존재를 소환하는데, 바로 죽음이다. 삶과 죽음은 동전의 양면과도 같을 텐데, 지금껏 한쪽 면만 바라보며 살아온 건 아닐까. 시인은 그 보이지 않던 뒷면을 천천히 뒤집어 책상 위에 올려놓는다(관점의 전환). 죽음을 멀리 두지 않고, 마치 오래전부터 알고 지낸 벗처럼 한 자리에 앉힌다. 그 순간 생일은 더 이상 삶의 몫만이 아니다. 삶과 죽음이 함께 지내온 세월을 헤아리다가 시인은 문득, 아련하고 정겨운 감정에 젖어든다.

눈앞의 저 빛
찬란한 저 빛
그러나
저건 죽음이다

의심하라

모오든 광명을!

- 유하의 「오징어」 전문

(『바람부는 날이면 압구정동에 가야 한다』, 문학과지성사, 1991, 11쪽)

빛은 대대로 인류에게 희망과 구원의 상징이었다. 어둠을 밀어내고, 길을 밝혀주고, 생명을 약속하는 존재. 그러나 시인은 돌연 그 빛을 '죽음'이라 부른다. 이 급격한 의미 전복은 관점의 전환에서 비롯된다. 시인은 인간의 자리에서 벗어나 바닷속을 유영하는 오징어의 눈을 빌린다. 지금 이 순간 오징어에게 빛은 더 이상 축복이 아니다. 깊고 어두운 바다를 찢고 들어오는 그 강렬한 조명은 오징어잡이 배가 드리우는 유혹이며 포획과 도살을 예고하는 신호다. 시인은 그 낯선 관점으로 우리를 끌어당기며 말한다. "의심하라, 모오든 광명을!" 도발적인 선언이 아닐 수 없다.

이번에는 산문의 예를 들어보겠다. 학생들에게 독서의 중요성을 주제로 글을 써오라고 하면 대체로 이런 내용의 글을 써온다. '책은 독자에게 지식을 준다. 지식을 얻으면 똑똑해지고 성공할 수 있다. 유명한 위인은 독서광이었다. 그러니 성공하려면 책을 읽자.' 왜 그럴까? 독서를 '지식을 준다'라는 획일화된 관점에서만 보기 때문이다. 다들 같은 방향에서 보고 있는데 어떻게 다른 얘기가 나올 수 있겠는가. 그런 의미에서 독서의 중요성을 다룬 나의 글을 소개해보겠다.

독서는 이 세상 무엇과도 비교할 수 없는 '남는 장사'입니다. 저는 살면서 독서보다 더 남는 장사를 본 적이 없습니다. 책 읽는다고 누가 돈 주는 것도 아니고, 오히려 책값을 내야 하는데 도대체 뭐가 남는 장사냐고요?

『원숭이도 이해하는 자본론』은 그 어렵다는 마르크스 『자본론』 내용을 쉽게 풀어놓은 해설서인데, 제 10년의 공부와 성찰을 담은 책입니다. 그런데 독자분들은 그 내용을 고작 하루 이틀 만에 읽고서는 자신의 것으로 만듭니다. 이 책을 사려면 18,000원을 내야 합니다. 돈의 관점에서 보면 남는 게 아니라 쓰는 것이죠. 하지만 시간의 관점에서 보면 어떨까요? 제 10년의 노하우를 하루 이틀 만에 쏙 빨아먹고 있지 않나요? 만약 독자가 그 어렵다는 마르크스 『자본론』을 직접 읽고 내용을 정리한다면 훨씬 많은 시간이 소요될 겁니다. 그런데 단돈 18,000원에다가 하루 이틀 정도의 시간만 할애해 10년을 벌 수 있다면, 이건 보통 남는 장사가 아니지요.

만약 여러분이 인류의 고전 명작 100권을 읽는다면 어떤 일이 생길까요? 훌륭한 고전에는 천재의 평생 노하우가 담겨 있습니다. 범인이 고전 명작에 담긴 천재들의 사상을 직접 체득하려면 평생 걸려도 불가능할 겁니다. 그러니 고전을 쓴 천재의 삶을 범인(80년)의 세 배 가치로 환산해 240년이라고 하죠. 고전 명작 100권을 읽는다? 240에 100을 곱하면 무려 2만 4000년입니다. 한 인간의 생물학적 수명은 100년을 넘기 힘들잖아요. 세상에 이보다 더 수지맞는 장사가 있을까요?

 어느 해 여름 성남여성회 주최 글쓰기 강의에서 '개성 있는 글을 쓰는 비법'을 강의한 후 과제를 냈다. '관점의 전환'으로 개성을 드러내라는 목표를 제시했는데, 아래에 소개하는 과제물을 받고선 강사로서 큰 보람을 느꼈다. 그렇다. 무더위로 짜증 나는 한여름 밤에 모기가 되어보는 것, 뻔하디뻔한 출근길 지하철의 손잡이가 되어보는 것, 이것이야말로 글에 개성을 담는 출발점이다.

역지사지
 모두가 잠든 열대야의 깊은 한밤중에 한 치 앞도 분간할 수 없는 공간 속을 습하고 비릿한 땀 냄새를 쫓아 오늘도 나는 목숨을 걸고 어미의 본분을 잊지 않는다! 이 세상 누구보다 멋있고 자상하며 나를 아껴주던 내 생의 반려자와 잊지 못할 뜨거운 사랑을 나누고 그이의 아이를 임신한 지금, 나는 내 아이를 지켜야 한다.

그이는 미안하고 사무치는 눈빛으로 숨을 헐떡이며 먼저 저세상으로 떠났지만 나는 우리 사랑의 결실 그리고 우리 종족 보존을 위해서 죽더라도 그냥은 못 죽는다! 안타깝게도 얼굴조차 모르는 용감한 내 어미의 희생 또한 허투루 만들 수는 없다.

모든 신경과 촉각을 곤두세워서 향긋한 땀 냄새와 따뜻한 체취의 보드라운 살갗을 향해 저공비행으로 천천히 다가가고 있다. 날갯짓 소리에 불현듯 일어나 미친 듯 나를 향해 에프킬라를 분사해대는 인간들을 도대체 이해할 수가 없다. 한두 방울의 피쯤은 나누어줘도 생명에 지장이 없음에도 어쩜 그리 몰인정하고 잔인할 수 있는 건지 역시 인간이란 동물은 지구상에서 멸종의 대상일 만큼 이기적이다.

전방 5미터, 3미터, 점점 목표물이 가까워지고 있다.

드디어 목표 지점 안착!

길고 가느다란 입을 야들야들한 살갗에 꽂는 순간, 본능적으로 치솟듯 다시 날아올랐다. 윙~ 하고 전기모기채가 거의 내 머리카락을 스치듯 지나갔다. 휴우… 잠시 숨을 고르며 다시 기회를 엿봐야겠군! 아… 어미가 된다는 것은 총알이 빗발치는 전쟁터에서 살아내야 하는 초능력을 발휘해야 한다.

얼마의 시간이 지나고, 목표물의 숨소리가 규칙적으로 잦아들었다. 이때다!

5미터, 3미터, 1미터 바로 앞…

천천히 부드럽게 나의 입을 밀어 넣고 한 모금 두 모금 뜨겁고 달콤한 그것을 힘껏 빨아 당긴다!

도대체 긴 글은 어떻게 쓰는가?

 단행본을 여러 권 출간한 작가라고 하면 어떻게 책 한 권 분량의 글을 쓸 수 있냐고 신기해한다. 작가는 허연 백지에다가 무작정 한 문장씩 쌓아 올려 책을 쓴다고 생각하는 것 같은데 실상은 다르다. 건축가가 설계도 없이 무턱대고 벽돌을 하나씩 쌓아서야 집이 꼴을 제대로 갖출 수 있겠는가. 글도 마찬가지다.

 건축가는 집 지을 대지 면적부터 고려한다면, 나는 책을 쓸 때 단행본 전체 분량부터 가늠한다. 최근 부동산 가격 상승과 1~2인 가구 증가 등의 요인으로 주택 면적이 작아지는 경향이 있듯이, 독자들이 짧고 간결한 글을 선호하는 분위기에 맞취 책은 내용이 줄고 크기도 작아지는 추세다. 참고로 십 년 전 인문 사회 분야 책이 원고지 1,000매였다면 지금은 800매 정도고, 에세이는 더욱 작아서 600매다.

원고지 8매가 A4 용지 한 장 분량이니, 원고지 600매 분량의 에세이 책을 쓴다면 A4 용지 75장을 글자로 메워야 한다. 막막한가? 걱정할 것 없다. 건축가가 대지를 마당, 화장실, 거실, 침실, 베란다 등 용도에 따라 나누듯 A4 용지 75장을 적절한 크기로 쪼개면 된다. 예를 들자면 이런 식이다.

아내 이유리 작가와 내가 결혼 전에 함께 쓴 『세상을 바꾼 예술 작품들』이라는 책이 있다. 2008년 5월에 원고를 쓰기 시작해 3개월 만에 초고를 완성했다. 원고지 1,000매 분량의 책을 쓰기로 결정한 후 우리는 목차부터 짜기 시작했다. 간혹 책을 쓰겠다며 다짜고짜 머리말부터 적어나가는 사람들이 있는데, 완벽한 초짜 인증이다. 원고지 1,000매라는 거대한 건축물을 만들기 위해서는 설계도가 필요한 법이니, 그것은 바로 목차다.

일단 글감 조사에 들어갔다. 미술에 조예가 깊은 이유리 작가는 세상을 바꿨다고 할 만한 에피소드가 담긴 미술 작품 스무 개를 뽑았다. 음악 및 그 밖의 분야에서는 내가 스무 개를 긁어모았다. 이렇게 해서 총 40개의 작품 목록이 확보됐다. 원고지 1,000매를 40으로 나누면 25이니, 이제 글감 하나당 원고지 25매씩 해서 글 40개를 쓰면 되겠다고?

노우! 우리는 글감 40개 중 26개를 고르는 선별 작업에 들어갔다. 글의 호흡 때문이다. 원고지 25매면 대략 A4 용지 3장이다. 드라마틱한 예술 작품에 얽힌 인물, 사건, 배경을 다루기에는 다소 짧았다. A4 용지 5장, 원고지로는 40매 정도가 적당하다고 판단했다. 40매짜리 글 25개면 1,000매인데, 문제는 25가 홀수라는 점이다. 나와 아내 중 누군가 하나를 더 써야 한다는 얘긴데, 그건 상당히 민감한 문제였다. 그래서 각각 13개씩 쓰기로 하고 26개의 아이템을 골랐다.

다짜고짜 원고지 1,000매를 써야 한다면 눈앞이 캄캄하겠지만 A4 용지 5장 분량의 글 한 편을 작성하는 일이라면 시도해볼 만하지 않은가. 도서관 방문, 인터넷 검색, 거기다가 인공지능의 도움을 받으면 자료 수집은 어렵지 않다. 확보한 자료에서 필요한 정보를 발췌하고 그것을 재료로 나만의 목소리를 버무려내 이야기를 구성하고 살을 붙여나가면 어느새 한 편의 글이 완성된다. 이런 과정을 26번(나 13번, 아내 13번) 거쳐 『세상을 바꾼 예술 작품들』 초고가 완성되었다.

이렇듯 목차는 책의 설계도다. 목차 없이 무작정 쓰면 균형이 깨지고 용두사미가 되기 십상이다. 책을 처음 쓸 때는 인류 지성사의 역작이 탄생할 듯 의욕이 넘친다. 하지만 시간이 갈수록 자신감이 떨어지고 기대만큼 글이 따라오지 못해 결국 중도에 포기하고 만다. 계획도 대책도 없는 상황에서 그저 우직하게 벽돌만 쌓다가 뼈대가 부실해 금세 무너진 것이다.

 목차 얘기는 이 정도면 됐고, 이제 남은 문제는 A4 용지 5장 분량을 어떻게 쓰느냐이다. 누군가에게는 쉬운 일일 수도 있겠지만 솔직히 이 정도 분량을 쓰는 건 생각보다 만만치 않다. 아무것도 쓰여 있지 않은 A4 용지 5장을 눈앞에 펼쳐놓고선 그 새하얀 공간을 작은 글씨로 빽빽하게 채워야 한다고 생각해보라. 30초 만에 호흡이 가빠지고 눈앞이 캄캄해진다. 과연 어떻게 해야 할까?

 앞서 글쓰기를 집짓기에 비유했는데, 이번에는 요리에 빗대 대처 방법을 설명하겠다. 예를 들어 '서바이벌 오디션 프로그램에 대하여 논하라'라는 주제로 A4 용지 5장 분량의 글을 써야 하는 상황이다. 요리하려면 우선 무엇이 필요한가. 식재료다. 재료도 없이 어떻게 음식을 만들겠는가. 마찬가지다, '서바이벌 오디션 프로그램에 대하여 논하라'라는 과제를 받았다면 글감부터 수집하자. 구체적인 글쓰기는 일단 제쳐놓고, 내가 뭘 쓸 수 있는지를 곰곰이 생각한다.

'서바이벌 오디션 프로그램을 어느 TV 프로그램에서 가장 먼저 시도했는지 궁금한걸.'

떠올랐는가? 축하할 일이지만 글감 하나 떠올랐다고 신이 나서 곧바로 글쓰기에 돌입하지는 말자. 일단 메모장에다가 이렇게 적어놓는다.

- 서바이벌 오디션 프로그램은 어느 프로그램에서 처음 시도했는가?

써놨으면 그만 잊고 또 다른 글감을 궁리하자. '흑백요리사를 엄청 재밌게 봤는데, 그 리뷰도 좀 써볼까?' 괜찮네. 좀 전에 적어놓은 것 밑에 추가로 적어놓는다.

- 서바이벌 오디션 프로그램은 어느 프로그램에서 처음 시도했는가?
- 흑백요리사에 대한 개인적 리뷰

이런 식으로 주제와 관련해 떠오르는 글감을 차곡차곡 늘어놓는다(두 개로는 턱없이 부족하다). 필요하다면 인터넷이나 인공지능을 활용해도 좋다. 생각해보라. 카레라이스를 만들려면 당근, 양파, 카레 분말, 고기, 쌀 등의 재료를 미리 준비해야 한다. 그런데 왜 글은 재료도 없이 쓰려고 하는가.

　재료를 충분히 확보했다면 이제 본격적인 요리(글쓰기)를 해야 할 텐데, 막상 쓰려면 또 막막하다. 한참 재료를 준비해 놨건만 도입부가 떠오르지 않기 때문이다. 무슨 얘기부터 꺼내야 하지? 어떤 문장으로 시작해야 하지? 이런 이들에게 묻고 싶다. 왜 글은 꼭 도입부부터 써야 한다고 생각하는가. 카레라이스를 만드는데 누군가 꼭 당근 먼저 깎아놓아야 한다고 악다구니를 쓴다면 이해가 되는가. 양파부터 썰어놓을 수도 있지 않은가. 글은 처음부터 차례대로 써야 한다는 고정관념 때문에 한 발짝도 전진하지 못하는 건 아닌지.

　- 서바이벌 오디션 프로그램은 어느 프로그램에서 처음 시도했는가?
　- 흑백요리사에 대한 개인적 리뷰

　앞서 적어 놓은 글감이다. 흑백요리사 리뷰는 어떨지 모르겠지만 서바이벌 오디션 프로그램을 처음 시도한 TV 프로그램 얘기는 아무래도 꼭 들어갈 것 같지 않은가. 그렇다면 굳이 도입부에 연연하지 말고 이 아이템을 A4 용지 반 장 내지 한 장 정도 분량으로 먼저 써놓자. 당근에 연연하지 말고 양파부터 썰듯이. 이런 식으로 몇몇 소재를 미리 써놓으면 유사시 즉시 투입 가능한 글 덩어리가 된다. 게다가 쓰는 과정에서 생각이 정돈되며 꼬리에 꼬리를 물고 글 구성 아이디어가 떠오르기도 한다. 그 아이디어를 발전시켜 개요를 짜고, 블록 쌓기 하듯이 글 덩어리를 적절한 위치에 배치하고, 연결부를 만들다 보면 자연스럽게 도입부가 도출된다.

드물게 신내림을 받아 도입부부터 술술 풀리기도 하지만, 이런 경우 십중팔구 겪게 되는 상황이 있다. 분명 신탁의 계시를 받아 거침없이 써내려갔는데, 글이 도달한 곳이 예상과 너무 다르다. 그렇다고 다시 수정하는 일도 쉽지 않다. 어디부터 손대야 할지 막막하기 때문이다. 왜 이런 일이 벌어질까?

독일 막스플랑크연구소 잔 소우만 박사팀 실험 참가자들은 GPS 장치를 달고 사막에서 직진하며 걷도록 지시받았다. 실험 참가자들은 해나 달 같은 가시적 기준점이 없는 상황이면 직진하지 못하고 원을 그리는 경향을 보였다. 그러면서도 똑바로 걷고 있다고 착각했다. 사람은 대부분 한쪽 다리가 더 강하거나 길어서 기준점이 없으면 미세하게 한쪽으로 치우

처 걷게 된다. 매 걸음 각도가 1도만 틀어지더라도 180걸음이면 처음과 완전히 반대 방향이다. 360걸음째에는 출발했던 곳으로 돌아오는 어처구니없는 상황이 벌어진다.

글도 마찬가지다. 한 문장 한 문장 제대로 가고 있는 것 같지만, 구성과 개요라는 가시적 기준점이 없으면 1도씩 방향이 틀어진다. A4 용지 5장 정도의 긴 글이라면 문장마다 조금씩만 어긋나도 결론이 산으로 간다. 글쓰기는 구조적 작업이다. A4 용지 75장의 책을 쓰는 과정도 그러하고, A4 용지 5장짜리 글을 쓰는 과정 또한 그러하다. 목차 및 개요를 짜 방향을 설정하면 긴 글도 부담스럽지 않다. 건축가가 설계도를 그리듯, 요리사가 재료를 준비하듯, 글도 계획적으로 써야 한다.

한 편의 글이 시작되고 완성되기까지, 그 적나라한 과정

2021년에 펴낸 『와인에 몹시 진심입니다만,』이 좋은 반응을 얻어 2024년에 두 번째 와인 책 『와인과 페어링』을 출간했다. 와인과 음식의 페어링에 관한 다양한 정보와 개인적 에피소드를 담은 책이다. 그중에 킹크랩과 샴페인의 조합을 다룬 글이 제법 즐깃한데, 이 글을 쓰는 과정에서 변화하는 의식의 흐름을 낱낱이 공개해 전업 작가의 머릿속을 훔쳐볼 기회를 제공하겠다.

2023년 11월 18일 토요일 낮에 경험한 킹크랩과 샴페인의 조합은 그야말로 훌륭했다. 무엇보다 킹크랩찜의 식감이 인상적이었는데, 특히 큰 집게발의 속살은 입안에서 촘촘한 결대로 층층이 부서지는 느낌이 절묘했다. 왜 식감이 그런지 챗지피티에게 물어봤더니 척척박사다운 답을 내놓는다.

'킹크랩 집게발은 근육 섬유가 방향성을 가지고 규칙적으로 배열되어 있는데, 이 근육 섬유들이 다발 형태로 묶여 뚜렷한 층상 구조를 형성한다. 조리 시 열이 가해지면 근육 다발 사이의 결합조직에 있는 콜라겐이 변성되어 젤라틴으로 바뀌는데, 이 과정에서 결합조직이 부분적으로 녹으면서 근육 다발 간의 결합이 느슨해진다. 이러한 구조적 특성으로 인해 킹크랩 집게발은 씹을 때 층층이 분리되는 식감을 느낄 수 있다.'

이걸 그대로 옮기면야 편하겠지만, 작가에게는 이 오묘한 식감을 어떤 방식으로든 이미지화해서 활자로 전달할 직업적 사명이 있다. 만화 『신의 물방울』의 주인공은 와인을 마시고선 성 베드로 대성당이나 클레오파트라 여왕이 눈앞에 어른거린다고 호들갑 떨지 않는가. 이런 터무니없는 뻥카도 호평받는 세상인데 못 할 말이 어디 있겠나. 컴퓨터를 켜고 앉아 글자 하나 없이 텅 빈 워드프로세서 화면을 응시하며 그 공간을 채울 나만의 뻥카를 모색했다.

혓바닥 위에서 도미노처럼 순차적으로 펼쳐졌던 킹크랩찜의 그 '층과 결'을 되새기다 문득 오래전 제주도에서 봤던 주상절리가 떠올랐다. 육각형 단면의 커다란 돌기둥이 벌집처럼 규칙적으로 배열된 모습은 킹크랩 특유의 층과 결이 느껴지는 식감과 묘한 동질감을 형성했다. 괜찮은데? 일단 메모!

- 킹크랩찜의 식감에서 연상되는 제주도 주상절리

다만 킹크랩찜을 얘기하다가 갑자기 주상절리가 등장하면 뜬금없을 것 같다는 생각이 들었다. 주상절리를 자연스럽게 받아들일 빌드업이 필요하겠구나. 그러려면 어쨌든 제주도 얘기부터 꺼내야 할 텐데. 좋아! 글감 추가다.

- 제주도에 얽힌 개인사
- 킹크랩찜의 식감에서 연상되는 제주도 주상절리

이 두 글감을 소재로 쓴 글을 아래에 옮긴다. 전체 글의 전반부이다. 번호 표기한 부분을 유심히 살피며 읽자.

삼십 대 초반이었던 2006년에 첫 책을 출간하고서는 생각지도 못하게 제주여민회로부터 강의 요청을 받았다. 비행기를 탄 것도, 제주도를 가 본 것도, ① 그때가 처음이었다. ② 뒤풀이 술자리에서 제주도 멸치를 대가리부터 고추장에 푹 찍어 잘근잘근 씹었다. 그 비릿하고 진득한 바다 내음, 연이어 들이켰던 한라산 소주의 서늘하고 쌉쌀한 청아함은 여전히 기억에 남아 있다. ③ 하나부터 열까지 처음이었기 때문이리라.

그 후 업무 혹은 여행으로 여러 번 제주도를 방문해 이곳저곳 둘러보았는데 유독 인상에 남은 관광지는 주상절리다. 자연에서 관찰되는 암석은 대체로 불규칙한 형태를 띠기 마련인데, 주상절리는 육각형 단면의 커다란 돌기둥이 벌집처럼 규칙적으로 붙어 있어서 단번에 눈길을 끈다. 그 규칙적 형태와 배열은 마그마의 급속한 냉각 때문임이 현대과학으로 밝혀졌지만, ④ 먼 과거의 조상들은 초자연적 존재의 의지와 힘이 작용했다고 오해할 법도 하다.

십여 년이 훌쩍 지나고 때는 2023년 11월 18일 토요일. 오후 3시를 조금 넘어선 시간에 나의 구강에서는 미각의 주상절리가 펼쳐지고 있었다. 그 귀하신 레드 킹크랩을 영접하고 있었기 때문이다. 킹크랩과 주상절리가 도대체 무슨 상관이냐고? 갓 쪄 나온 킹크랩 다리의 뾰족하고 딱딱한 껍질을 열어젖히면 함박눈을 꽁꽁 뭉쳐놓은 듯 새하얗고 두툼한 게살이 드러난다. 포크를 들고 살을 주욱 긁어본 사람은 안다. 뜨끈한 게살에는 주상절리처럼 결이 있고 층이 있다는 사실을.

결대로 찢어져 포크에 매달린 채 바들바들 떨고 있는 살덩이를 한입 베어 씹다 보면 짭조름하고 탄탄한 게살이 도미노가 쓰러지듯 입안에서 층층이 부서지는데, 그 묘한 질감은 제주도 주상절리의 규칙적인 구조를 떠올리게 만드는 구석이 있다(제일 큰 집게발 속살이 특히 그러하다). 킹크랩을 최초로 쪄 먹은 호모 사피엔스는, 평범한 음식과는 차원을 달리하는 이 비현실적인 맛에서 ⑤초자연적 존재의 의지와 힘을 떠올렸을지도 모르겠다. 우야튼 겁나게 맛있구먼.

내 삶에서 킹크랩을 영접한 건 사실 그렇게 오래되지 않았다. 2015년 9월의 어느 날 우연히 마신 와인에 홀딱 빠져서 엥겔지수 100%에 도전하는 노빠구 미식의 삶으로 돌입하고 나서야 만나게 됐으니 말이다. 대가리에 고추장 바른 제주도 멸치나 한라산 소주도 나름 인상적이었지만 킹크랩을 맛본 순간과 비교할 수는 없다. 충격으로 헛웃음이 나올 정도였으니까. 돌이켜보면 당시는 그 놀라움을 표현할 언어가 준비되어 있지 않았다. ⑥처음이었으니까. 어쩌면 프로 작가이다 보니 입금이 예상되지 않아 적절한 언어가 떠오르지 않았을지도 모르는 일이다.

②는 2007년 제주도 첫 방문에서의 먹부림 경험담이다. 음식 글이라 일부러 제주도 멸치와 소주를 영접한 기억을 소환

해 적어 넣었다. 십여 년 전 음식과 술이라니, 나도 참 먹는 것에 진심이구나. ①, ③, ⑥에서는 모두 '첫 경험'이라는 점을 강조했다. '처음'이라는 키워드로 세 곳을 묶어 세워 글에 유기성과 통일성을 부여하려는 의도다. 특히 ③의 '하나부터 열까지 처음이었기 때문이리라'는 퇴고 과정에서 추가했다. ③이 있을 때와 없을 때의 뉘앙스를 비교하면 흥미로울 것이다. ④와 ⑤에서는 주상절리의 규칙적 외형, 그리고 층과 결이 느껴지는 킹크랩의 오묘한 식감을 '초자연적 존재의 의지와 힘'이라는 독특한 표현으로 연결했다.

푹 찐 갑각류를 섭취할 때면 이것 외에 다른 주종을 떠올린 적은 없다. 샴페인 말이다. 마침 집에 보관 중인 델라모트 브뤼, 드보 퀴베 디 브뤼 중에서 심사숙고 끝에 델라모트 브뤼를 선택했다. 판단의 근거는 샤르도네 비율이다. 샴페인을 만들 때는 샤르도네, 피노 누아, 피노 뫼니에르 이렇게 세 품종이 주로 사용되는데, 양조 정보를 찾아보니 델라모트 브뤼는 샤르도네 60%, 피노 누아 35%, 피노 뫼니에르 5%를 섞었고, 드보 퀴베 디 브뤼는 피노 누아 55%, 샤르도네 45%를 섞었다. 델라모트 브뤼가 샤르도네 비율이 15% 정도 높아서 더 상큼하고 해산물과 잘 어울릴 것으로 판단했다.

잔에 따라 향을 맡고 한 모금 입안을 적셔보니 샴페인 특유의 이스트 향기도 적당히 있고 샤르도네 비율이 높은 샴페인에서 기대할 수 있는 상큼함도 보여준다. 놀라운 것까지는 아니지만 모자람 없이 기본기에 충실하니 음식에 곁들일 용도로는 안성맞춤이다. ⑦<u>뽀글뽀글 올라오는 샴페인의 기포가 해변가 주상절리에 주기적으로 부딪히는 파도의 하얀 포말처럼 느껴지는 건, 층층이 부서지는 킹크랩을 먹고 있기 때문일 것이다.</u>

샴페인을 소개하는 부분이다. ⑦에서는 주상절리와 킹크랩의 연결성이 샴페인 기포와 파도 포말로까지 확장된다. 너무 과하다고? 베토벤은 교향곡 5번에서 네 음표로 구성된 운명의 동기를 1악장부터 4악장까지 사골 우려먹듯 남발했지만, 음악학자들은 기막힌 유기적 짜임새를 보여주는 명작으로 평가한다. 나도 베토벤의 모범을 따를 뿐이다. 나에게 돌을 던지려거든 우선 베토벤부터 심판하라.

4인 가족이 식탁에 둘러앉았건만 쥐 죽은 듯 조용하다. 특별한 진미를 먹을 때나 일어나는 기현상이다. 오물오물 우물우물 우걱우걱 냠냠. 누군가 살이 허옇게 붙어 있는 다리짝을 앞에 놔두고서 굳이 하나 더 확보하겠다고 손을 뻗는다. ⑧하지만 손보다 빠른 눈은 그 행위를 실시간으로 포착한다. '건들지 마! 손모가지 날아가붕게'라는 영화 대사가 떠오를 만큼 강력한 제지가 이어진다. ⑨이래저래 눈치를 봐야 하는 바깥 사회생활에서는 있을 수 없는 즉각적이고 단호한 반응이다. 가족이란, 이런 것이다.

"마트에서 파는 게맛살하고는 차원이 달라. 도대체 그런 가공식품에 어떻게 감히 게맛살이라고 이름을 붙일 수 있지?"

돌연 등장한 아내의 목소리는 대놓고 킹크랩 예찬이지만 솔직히 말해 너무 비싸서 가성비가 떨어지는 건 부인할 수 없다. 킹크랩 주문할 돈으로 마트 게맛살을 산다면 카트에 수북이 쌓일 테니까. 하지만 우리 가족 전 구성원은 ⑩지금 이 순간만큼은 가성비가 아니라 하이엔드를 추구하고 있다. 부자들이야 자주 먹는 음식이겠지만, 1년에 한 번 눈 질끈 감고 먹는 우리 같은 사람들에게 가성비 운운하면 좀 야박하지 않은가. 게다가 역사적으로 보았을 때 문화의 발전은 대체로 가성비가 아닌 하이엔드에서 촉발되기 마련이다. 지금 우리 가족은 인류 식문화 발전의 최일선에서 분투 중이다.

한참을 게걸스럽던 두 딸은 느끼해서 더 이상 못 먹겠다며 수저를 놓았다. 참으로 효녀구나. 마침 함께 딸려 온 게장비빔밥이 있으니 얼마든지 먹으렴. 아빠는 샴페인 덕분에 느끼함을 모르고 게살을 무한 흡입할 수 있단다. 너희가 샴페인을 마실 수 있는 나이가 되기 전까지는 '어쩔 수 없이' 아빠가 좀 더 많이 먹어야겠구나. 그나저나 토요일 낮의 킹크랩은 한 주를 열심히 살아온 것에 대한 보상 같은 느낌이다. 뭔가 나 자신에게 주는 선물이라고나 할까. ⑪ 그러고 보니 최근 몇 년간 아내와 선물을 주고받아 본 기억이 없구나. 가족이란, 이런 것이다.

그렇게 게 눈 감추듯 먹어대다가 뒤늦게서야 아무것도 메모하지 않았다는 사실을 깨달았다. 와인과 음식에 대해 글을 써야 하는데 말이야. 킹크랩과 샴페인 조합은 나에게 '쓰는 자'로서의 본분을 망각하도록 만들었다. 대상을 살펴보고 냉철하게 평가하려면 적절한 거리감을 유지해야 하는데, ⑫ 킹크랩과 샴페인을 번갈아 주입하다 보니 그 풍미에 휩쓸리고 견인되어 '먹는 자'로서의 정체성만 남아버렸다.

어느덧 다리 살은 끝장났고 몸통 살만 남았다. 제법 포만감이 느껴지니 이제야 부정父情이 쑥스럽게 고개를 든다. 라면홀릭인 중학생 첫째 딸을 위해 신라면에 킹크랩을 투하해 팔팔 끓여서 대령했다. 아버지가 끓인 라면이라 특별한 맛이 난다고 주장하고 싶지만, 그것은 유물론자로서 할 수 없는 이야기다. 킹크랩 몸통에서 우러나온 감칠맛 가득한 게살 풍미가 공산품 스프 국물에 녹아드니 한 그릇에 3만 원이더라도 주문할 놀라운 맛으로 재탄생한다. 마트 게맛살에 부정父情을 한껏 담아 라면에 욱여넣는다고 이 맛이 재현되겠는가. ⑬킹크랩 몸통 살은 관념론에 대한 유물론의 승리를 명백하게 증명한다.

 캬! 이거지! 음주 모드에서 해장 모드로 자연스럽게 이어주는 가교 역할이야말로 킹크랩 라면의 장점이다. 평소에 라면을 먹지 않는 나조차도 이것만은 거부할 수 없다. 후루룩후루룩 면치기를 하다가 문득 맞은편에서 같은 방식으로 먹고 있는 첫째 딸을 보았다. ⑭타인이 먹는 장면에서 이토록 흐뭇하고 대견하고 행복한 감정을 느낄 수 있다니. 가족이란, 이런 것이구나. 아빠가 오늘은 너무 많이 먹어서 미안하다. 다음에는 다리 살도 라면에 넣어줄게.

 가족이 둘러앉아 킹크랩과 샴페인을 즐기는 장면을 묘사한, 글의 후반부이다. 당시 식탁에 앉아 스마트폰 메모 앱을 열어놓았다. 그때그때 인상에 남는 순간을 기록해 추후 글 재료로 활용하기 위해서였다. ⑧번 표현이 나올 수 있는 건 그 일촉즉발의 순간을 메모 앱에 남겼기 때문이다. 제지한 사람은? 나다. 해당 킹크랩 조각을 눈여겨보던 사람으로서 좌시할 수 없었다. 탐욕을 부린 사람은? 밝힐 수 없다. 그 긴박한 순간을 표현할 언어를 모색하는데 불현듯 영화 『타짜』의 도박판이 떠오른다. 주체할 수 없는 식탐, 그리고 판돈에 대한 욕망이 겹쳐 보인 것이다.

⑨, ⑪, ⑭에서 반복되는 '가족이란, 이런 것이다'를 주목할 필요가 있다. 세 곳에서 이 문장을 빼고 본문을 다시 읽어보라. 흥미로웠던 킹크랩 먹부림이 시간순으로 나열된 고만고만한 언어 뭉치로 전락한다. ⑨와 ⑪에서는 부정적인 의미로 해당 문장이 사용됐다면, ⑭에서는 훈훈하고 긍정적인 의미로 전환되어 글이 마무리된다. 혹시 내가 처음부터 의도해서 이렇게 썼을까? 아니다.

⑨에서 '가족이란, 이런 것이다'를 쓸 때는 사교적 모임에서 목격하기 어려운 가족 구성원끼리의 노골적 식탐 충돌을 희화적으로 표현했을 뿐이었다. ⑪에서는, 비싸서 자주 먹기는 어려운 킹크랩이라 뭔가 자신에게 주는 선물 같다고 쓰다가 '선물을 스스로 챙겨 받네', '그러고 보니 결혼 후 아내와 선물을 교환한 일이 없네', '어? 그러고 보니 (닳고 닳은) 가족이란 이런 것이네', '앞에 마침 그 문장이 있으니 여기서도 반복해서 글에 통일성을 줘야지'로 꼬리에 꼬리를 물고 생각이 이어진 것이다. 가위바위보도 삼세판 씨름도 삼세판인데, 이런 근사한 장치는 한 번 떠 써먹어야 하지 않겠어? 그래서 ⑭에서는 마무리답게 '가족애'의 의미로 한 번 더!

작가의 글쓰기에는 순도 100퍼센트의 의도도, 100퍼센트의 우연도 없다. 납품 기일이 다가오니 지푸라기 잡는 심정으로 뭐라도 쓰다가 베토벤 교향곡 5번의 '다다다단'처럼 '우연히' 써먹을 게 나오면, 그때부터는 '의도적'으로 활용한다. 하여, ⑩이나 ⑫, ⑬처럼 위트 넘치는(나만의 착각?) 표현은 우연과 의도가 크루아상 빵 속처럼 겹겹이 층을 이루는 가운데, 변기에 앉아 태아처럼 몸을 웅크리고 발가락 끝에 힘주는 변비 환자처럼 억지로 밀어낸 결과물이다. 글 쓰는 게 힘들다고? 변비가 지독한 만큼이나 자연스러운 일이다. 힘주는 만큼 나온다.

가독성이 배가되는 문장 강화 팁

　내다 팔 거라고는 글밖에 없는 빈한한 작가다. 글이 팔리느냐 안 팔리느냐에 우리 가족의 명운이 달리다 보니, 독자분들의 심기를 거스르지 않으려고 노심초사한다. 무엇보다도 신경 쓰는 부분은 '가독성'이다. 조금만 어렵거나 재미없어도 가차 없이 채널이 돌아가는 냉혹한 시대 아닌가. 그런데 심지어 책을 사주신 고마운 독자분들에게 문장을 다시 읽게 만드는 불편과 심려를 끼친다? 작가로서 자격 미달이다. 너무나 인상적이어서 곱씹어 다시 읽을 수도 있는 것 아니냐고? 후후. 그런 걱정은 일단 문장 '가독성'부터 높인 후 해도 늦지 않다. 지금부터 고객 만족 제일주의 작가로서 갖춰야 할 기본

소양, '가독성'을 배가할 수 있는 문장 강화 팁을 소개한다.

1) 짧은 문장이 바람직하다

 승객 여러분께서는 시내버스 정류소에서 버스를 기다릴 경우 차도에 내려서지 마시고 안전한 인도에서 기다려주시기 바라며 또한 정차 범위를 벗어난 지점에서 무리한 승하차를 요구할 시 안전사고 발생 우려와 함께 이를 위반하였을 경우 사업자 및 운수 종사자가 사업개선 명령 위반으로 과징금(과태료) 처분을 받게 되오니 시내버스가 정류소 정차 범위 준수 운행으로 안전하고 더 좋은 버스가 될 수 있도록 적극 협조하여주시기 바랍니다.

 언젠가 서울 시내버스 안에 붙어 있었던 안내문이란다. 놀라지 마시라. 한 문장이다! 숨 안 쉬고 한 번에 읽을 수 있는 사람이 있다면 마라톤 선수급 폐활량의 소유자일 것이다. 문장이 길면 독자의 호흡만 가쁜 게 아니다. 뇌도 숨차다. 읽고 있는 문장의 앞부분을 기억하며 뒤까지 끌고 가야 하는데, 문장이 길어지면 인간의 뇌가 감당하기에 벅찬 상황이 된다.
 뇌과학에서는 이런 현상을 작업기억(working memory)의 한계로 설명한다. 작업기억은 우리가 정보를 잠시 저장하고 처리하는 공간인데, 여기에 한꺼번에 담을 수 있는 정보의 양은 보통 4~5개 단위에 불과하다. 문장이 길고 복잡해지면 뇌는 문장 앞부분을 붙잡고 있는 와중에 새 정보까지 떠안아야 하는데, 작업기억의 한계로 인해 처리 속도는 느려지고 이해도와 기억률은 저하된다. 한 문장에 많은 걸 담고 싶은 마음은 이해하지만, 그건 네댓 명 들어갈 공간에 열 명을 밀어 넣겠다는 욕심이다. 제대로 전달되길 바란다면, 문장을 짧게 나눠야 한다. 한 번에 하나씩, 호흡할 수 있을 정도로. 물론 어떤 문학적 효과를 노리고 문장을 길게 끌기도 한다. 하지만 그런 건 일단 기본기를 습득한 이후의 문제다.

시내버스를 기다리실 때는 차도에 내려서지 마시고, 반드시 인도 위에서 기다려주십시오. 정류소를 벗어난 지점에서 승하차를 요구하시면 안전사고가 발생할 수 있습니다. 또한 이를 위반할 경우, 운수회사와 기사에게 과징금이 부과될 수 있습니다. 버스가 정류소에 정확히 정차할 수 있도록 협조해주시면, 더 안전하고 좋은 시내버스가 됩니다.

어떤가? 이렇게 문장을 넷으로 쪼개니 훨씬 낫다. 문장을 짧게 나눈다는 건, 독자를 향해 "천천히, 하나씩, 함께 가자"

고 손 내미는 일이다. 폐활량(작업기억) 뛰어난 마라토너 독자만 읽을 수 있다면 그 글은 팔릴 수 없다. 아니, 팔린다면 그게 더 이상한 일이다.

2) 주어와 서술어는 일치해야 한다

글을 쓰면서 유념해야 할 것은 주어와 서술어가 일치해야 한다.

이 문장, 좀 어색하지 않은가? 문장의 주어는 '유념해야 할 것은'인데, 서술어는 '일치해야 한다'다. 결국 '유념해야 할 것이 일치해야 한다'는 엉뚱한 말이 되어버린다. 애초에 말하고 싶은 건 '주어와 서술어를 일치시키라는 점을 유념해야 한다'는 뜻인데, 문장 구조가 어긋나면서 어색한 문장이 되었다. 다음처럼 고쳐야 한다.

글을 쓰면서 유념해야 할 것은 주어와 서술어가 일치해야 한다는 점이다.

이렇게 주어와 서술어가 어긋나는 상황은, 하고 싶은 말에

끌려가다가 문장 구조를 잊으면서 종종 발생한다. '유념해야 할 것은…'으로 시작했는데, 끝날 땐 '일치해야 한다'로 가버렸다. 생각은 앞서가고 문장은 뒤따라가다가 어긋난 것이다. 이런 실수는 특히 문장이 길어지거나 장황해질 때 훨씬 더 빈번하다. 그러니 문장이 길어질수록 '내가 지금 이 문장에서 누구를 주어로 세웠지?'라고 자문하며 주어와 서술어 일치 여부를 확인해야 한다. 애초에 짧고 간결한 문장을 구사하면 예방할 수 있는 실수다.

참고로, 주어-서술어뿐만 아니라 목적어-서술어도 잘 맞춰야 한다.

겨울철에는 가습기나 빨래를 널어 실내 습도를 조절해야 한다.

빨래야 널면 되지만, 가습기까지 널면 곤란하다. 이렇게 수정해야 한다.

겨울철에는 가습기를 틀거나 빨래를 널어 실내 습도를 조절해야 한다.

3) 기왕이면 수동태보다 능동태가 바람직하다

맥주는 보리로 만들어진다.

이 문장보다는 '맥주는 보리로 만든다'가 매끄럽고 자연스럽다. 그럼에도 '맥주는 보리로 만들어진다'는 말을 자주 사용하는 이유는 무엇일까? 번역체의 영향이다.

Beer is made from barley.

알다시피 영어권에서는 이런 식으로 수동태를 널리 쓰는데, 한국어로 직역하면 '~되어진다', '~되고 있다' 같은 어색한 표현이 튀어나온다. 한국어에서는 대체로 능동형 표현이 자연스럽다. 글을 쓸 때는 가능하면 능동형을 사용하는 것이 가독성을 높이고, 문장의 힘도 살릴 수 있다.

수동태가 부쩍 늘어난 이유는 영어 외에 일본어의 영향도 크다. 번역가 이희재는 자신의 책 『번역의 탄생』에서 이러한 현실을 다음과 같이 꼬집는다.

거듭 강조하지만, 수동태 문장은 될수록 능동태 문장으로 바꾼

다는 것이 자연스러운 한국어 번역문을 만드는 데 가장 중요한 원칙입니다. 일본어와 한국어는 주어를 잘 쓰지 않는다는 면에서는 비슷하지만, 이런 점에서 결정적으로 다릅니다. 한국어는 주어는 쓰지 않아도 문장은 될수록 능동문으로 하려는 경향이 강합니다. 그래서 역동적이고 힘찹니다. 일본어는 될수록 수동문으로 만들려는 경향이 두드러집니다. 일본어 같으면 수동태가 자연스러운 "先生にしかられました(선생님께 꾸짖어졌습니다)" 같은 문장도 한국어는 "선생님한테 야단을 맞았습니다" 또는 "선생님한테 꾸지람을 들었습니다"라고 능동문으로 나타냅니다.

- 이희재, 『번역의 탄생』, 교양인, 2009, 93쪽

한 언어가 다른 언어를 만나 영향을 주고받는 건 자연스러운 일이다. 언어는 언제나 외부 자극을 받아 변하기 마련이며 그 과정에서 표현 방식이 다채로워진다. 기존에 없던 미묘한 뉘앙스를 만들어내기도 하고, 새로운 사고방식을 받아들이는 데 도움이 되기도 한다. 이런 변화는 언어의 유연함과 생명력을 보여주는 측면도 분명히 있다. 하지만 모든 변화가 다 바람직하다고 할 수는 없다. 수동태 남용은 문장을 길고 둔탁하게 만들며, 누가 무엇을 하는지 모호하게 만든다.

A lot of potatoes are produced in this area.

이 문장을 번역한다면? '이 지방에서는 감자가 많이 생산된다'보다는 '이 지방에서는 감자가 많이 난다'라고 하는 쪽이 자연스럽다. 특별한 이유가 없다면, 수동태보다는 능동태를 택하는 것이 바람직하다. 능동문은 글을 간결하고 읽기 좋게 만들어준다.

4) 중복은 피한다

사랑하는 것보다 사랑받는 것을 좋아한다는 것을 그녀는 이제야 깨달았다.

이 짧은 문장에서 '것'이 세 번이나 등장한다. 랩 하는 것도 아닌데 말이다. 이 참상을 보고도 운율 있고 문학적이라고 말할 사람은 없을 것이다. 이렇게 고쳐보자.

사랑하는 것보다 사랑받기를 더 좋아한다는 사실을 그녀는 이제야 깨달았다.

'것'을 줄이고 '사실'로 바꾸었더니 그나마 낫다.

직업을 가질 수 있고 직장에 나갈 수 있고 놀지 않을 수 있는 것만으로도 다행일 수 있고, 나아가 월급 70만 원이면 어려운 생활에 적지 않은 보탬이 될 수 있다.

'~수 있고(다)'가 한 문장에 다섯 번이나 등장한다. 듣기 좋은 꽃노래도 한두 번이지. 이렇게 고치자.

직업을 갖고 직장에 나가며, 놀지 않는 것만으로도 다행이다. 게다가 월급 70만 원이면 어려운 생활에 적지 않은 보탬이 된다.

중복이 왜 안 좋을까? 같은 단어나 표현이 반복되면 독자는 금세 싫증을 느낀다. 글은 단조로워지고, 밀도가 떨어지며 리듬이 죽는다. 반복 없이 간결하게 쓸 수 있는데도 같은 말을 거듭하면 글이 장황해진다. 그런데도 왜 자꾸 중복된 단어나 표현을 쓰게 될까? 글을 쓸 때 우리는 정돈된 문장을 떠올려 쓰는 것이 아니라, 생각의 흐름을 쫓아간다. 머릿속에서는 같은 단어가 반복되어도 어색함을 못 느낀다. 일종의 습관이라 반복이 되레 안정감을 주기도 한다. 그래서 초고를 쓰다 보면 어느새 같은 표현이 줄줄이 나온다. 중복은 '초고의 흔적'이다. 퇴고를 거듭해야 비로소 읽을 만한 문장이 된다.

중복은 같은 단어를 반복할 때뿐 아니라, 비슷한 의미의 표현을 겹쳐 쓸 때도 발생한다.

행복해지려면 우선 자신의 건강부터 먼저 신경 써야 한다.

이 문장에서는 '우선'과 '먼저'의 의미가 중복된다. 아래와 같이 고치는 것이 좋다.

행복해지려면 우선 자신의 건강부터 신경 써야 한다.

다음 예문에서도 같은 문제가 나타난다.

우리는 전쟁에서 이기기 위해 죽기를 각오하고 결사적으로 싸웠다.

'죽기를 각오하고'와 '결사적으로는' 같은 의미다. 이렇게 고치자.

우리는 전쟁에서 이기기 위해 죽기를 각오하고 싸웠다.

5) 지시어를 남용하지 마라

그는 그가 그녀를 사랑한다는 사실을 그녀에게 말했다.

도대체 무슨 말인가? 동생은 형이 자기 아내를 사랑한다는 사실을 형수에게 일러바쳤다는 뜻인가? 이 문장을 쓴 사람 외에 아무도 모를 '막장' 문장이다. 지시어 남발은 독자에게 큰 수고와 불편을 끼친다. 뻥 뚫린 고속도로를 놔두고 좁고 구불구불한 길로 돌아가라고 떠미는 것이나 다름없다. 누구나 한 번쯤 경험하지 않았나. '그(혹은 그녀)'의 정체를 확인하려 강물을 거슬러 올라가는 연어처럼 앞 내용으로 역행하는 일 말이다.

지시어는 독자의 기억력을 시험하는 장치가 아니다. 글을 쓸 때는 지시어를 최소화하고, 다소 반복되더라도 구체적 명사로 다시 언급하는 편이 훨씬 낫다. 독자가 매번 '그게 누구더라?' 하고 고민하지 않도록 주의해야 한다. 앞에서는 중복하지 말라더니, 지금은 반복하라고 하니 헷갈린다고? 같은 의미를 불필요하게 되풀이하는 중복은 독자를 지치게 만든다. 하지만 구체적 명사를 다시 써서 독자가 헷갈리지 않게 돕는 반복은, 배려다. 요컨대, 불필요한 중복은 피하고, 필요한 반복은 하라.

그는 그가 그녀를 사랑한다는 사실을 그녀에게 말했다.

이 문장은 다음과 같이 바꿔 독자를 배려해야 한다.

이몽룡은 변학도가 춘향이를 사랑한다는 사실을 월매에게 말했다.

6) 단락은 글의 호흡이다

숨 쉬지 않고 노래를 부를 수 있는 가수는 없다. 한 소절을 부른 후 다음 소절을 위해 가수는 폐부 깊숙한 곳까지 공기를 밀어 넣는다. 이 호흡이 아니면 노래는 계속될 수 없다. 마찬가지로 글도 호흡이 필요하다. 바로 단락이다. 문장이 아무리 유려하더라도 단락 없이 이어지면 독자는 이내 숨이 차다. 다음 예문을 읽어보자.

재테크 열풍이 심상치 않다고 느낀 계기는 좀 독특했다. 어느 날 검색을 하다가 『원숭이도 이해하는 자본론』이 곳곳에서 재테크 학습 교재로 사용된다는 사실을 알게 되었다. 누군가는 블로그에, 누군가는 재테크 커뮤니티 게시판에 관련된 독서 후기를 남기고 있었다. '어? 이상하다? 주식, 코인, 부동산 투자 방법을 책에서 다룬 적은 없는데? 왜 자본주의 비판 서적을 재테크 모임에서 읽을까?' 처음엔 당황스러움을 넘어 어리둥절할 정도였다. 마르크스 『자본론』은 명백히 자본주의 시스템을 비판한 책이고, 나는 그 책을 더 많은 사람이 이해할 수 있도록 쉽게 풀어쓰려고 했을 뿐이다. 공부해서 자본주의 체제에 잘 편승하라고 쓴 게 아닌데. 체제의 문제를 꿰뚫어 보고 더 나은 대안을 함께 고민하자고 쓴 책인데. 상황을 알아보니 재테크 모임에서 이 책을 읽는 나름의 맥락이 있었다. 본격적인 재테크 공부에 앞서 학습 동기 부여 용도로 활용되고 있던 것이다. 마르크스 『자본론』의 주장에 따르면 자본주의 사회에서 노동자는 부를 축적할 수 없으며 자본가에게 착취당하는 삶을 살아야 한다. 그러니 개인이 착취의 쳇바퀴에서 벗어나려면 재테크만이 유일한 동아줄이라는 얘기다. 진보 성향의 노동조합이나 사회단체에서 내 책을 교재 삼아 공부하는 일은 종종 있다. 그럴 땐 어느 정도 예상 가능한 독서 방향과 반응이 있다. 하지만 재테크 모임에서 이렇게 활용되리라고는 털끝만큼도 생각해본 적이 없다. 독자 저변도 넓어지고 인세 수입도 증가하니 생계형 작가에게는 반가운 일이지만, 그렇다고 당혹스러운 감정이 사라지는 건 아니었다. 어쨌든 망치로 한 대 맞은 듯 어안이 벙벙했다.

어떤가? 휴게소는커녕 졸음쉼터조차 없는 고속도로를 달리는 느낌 아닌가. 이래 가지고서는 집중해서 읽기 어렵다. 단락을 나눈 후 읽어보자.

재테크 열풍이 심상치 않다고 느낀 계기는 좀 독특했다. 어느 날 검색을 하다가 『원숭이도 이해하는 자본론』이 곳곳에서 재테크 학습 교재로 사용된다는 사실을 알게 되었다. 누군가는 블로그에, 누군가는 재테크 커뮤니티 게시판에 관련된 독서 후기를 남기고 있었다.

'어? 이상하다? 주식, 코인, 부동산 투자 방법을 책에서 다룬 적은 없는데? 왜 자본주의 비판 서적을 재테크 모임에서 읽을까?'

처음엔 당황스러움을 넘어 어리둥절할 정도였다. 마르크스 『자본론』은 명백히 자본주의 시스템을 비판한 책이고, 나는 그 책을 더 많은 사람이 이해할 수 있도록 쉽게 풀어쓰려고 했을 뿐이다.

공부해서 자본주의 체제에 잘 편승하라고 쓴 게 아닌데. 체제의 문제를 꿰뚫어 보고 더 나은 대안을 함께 고민하자고 쓴 책인데.

상황을 알아보니 재테크 모임에서 이 책을 읽는 나름의 맥락이 있었다. 본격적인 재테크 공부에 앞서 학습 동기 부여 용도로 활용되고 있던 것이다. 마르크스 『자본론』의 주장에 따르면 자본주의 사회에서 노동자는 부를 축적할 수 없으며 자본가에게 착취당하는 삶을 살아야 한다. 그러니 개인이 착취의 쳇바퀴에서 벗어나려면 재테크만이 유일한 동아줄이라는 얘기다.

진보 성향의 노동조합이나 사회단체에서 내 책을 교재 삼아 공부하는 일은 종종 있다. 그럴 땐 어느 정도 예상 가능한 독서 방향과 반응이 있다. 하지만 재테크 모임에서 이렇게 활용되리라고는 털끝만큼도 생각해본 적이 없다. 독자 저변도 넓어지고 인세 수입도 증가하니 생계형 작가에게는 반가운 일이지만, 그렇다고 당혹스러운 감정이 사라지는 건 아니었다. 어쨌든 망치로 한 대 맞은 듯 어안이 벙벙했다.

휴게소와 졸음쉼터를 적재적소에 배치하니 읽기가 한결 수월하다. 강의하면서 글쓰기 과제물을 받다 보면 의외로 단락을 나누지 않는 사람이 제법 있다. 글쓰기 초보자일수록 그러하다. 생각나는 대로 쓰다 보면 문장이 끊임없이 이어지고,

단락을 나눌 타이밍을 놓쳐버리기 때문이다.

단락은 어떻게 나누면 좋을까? 우리가 숨 쉴 때 그 타이밍을 심각하게 고민하지는 않는다. 마찬가지로 단락 구분도 너무 심각하게 접근할 필요는 없다. 일반적인 언어생활을 영위했다면 숨 쉴 곳쯤은 본능적으로 알 수 있다. 그때마다 엔터 키만 눌러주면 된다.

7) 접속사는 글의 윤활유다

어린 시절 자전거 체인이 뻑뻑해지면 윤활유를 칠했다. 그러면 마술을 부린 듯 체인이 금세 부드러워지곤 했다. 글도 마찬가지다. 개별 문장과 단락이 아무리 근사하더라도 연결이 매끄럽지 않으면 글은 삐걱댄다. 독자는 앞뒤 문장의 관계를 애써 추론해야 하는데, 이런 과정이 반복되면 금세 피로를 느낀다.

접속사는 이런 삐걱거림을 완화하는 윤활유다. '그러나', '따라서', '그런데', '한편으로는', '게다가' 같은 표현들이 문장 및 단락 사이에 논리적 다리를 놓는다. 접속사를 효과적으로 사용하면, 요철 없는 미끈한 고속도로를 고급 세단으로 질주하듯 안락하게 글을 읽을 수 있다.

다음은 이유리 작가의 책 『나는 그림을 보며 어른이 되었다』에서 발췌한 예문이다.

나는 친절한 사람이다. 보통 얼굴에 살짝 미소를 띤 채 사람들을 대하고, 모르는 누군가에게 말을 걸 때도 꼭 '선생님'이라는 호칭을 쓰며 부드럽게 다가간다. 내 SNS에 달린 댓글 하나하나마다 대댓글을 달고, 다정하게 대응하려 애쓴다.
하지만 나도 사람인지라 한 번씩 방심할 때가 있다. 찡그린 것도 아니고 그냥 무표정인 상태로 있어도, 목소리 톤을 조금만 낮춰도 상대방은 그걸 귀신같이 알아챈다. 그러곤 꼭 이런 질문이 터진다. "뭐 안 좋은 일 있어요?", "혹시, 화났어요?"

글 전반부에서는 자신의 친절한 태도를 설명하다가, '하지만'이 등장하며 분위기가 전환된다. 앞서 긍정적으로 묘사한 친절한 태도가 유지되지 않는 예외적 상황을 소개하는 것이다. '하지만'은 앞뒤 내용을 대비시키며 글 줄기를 부드럽게 꺾어준다. 접속사 덕분에 독자는 '왜 이 이야기가 이어지지?'라고 고민하지 않는다.
같은 책에서 발췌한 또 다른 예문이다.

몇 년 전 "딸들이 자기 나이대의 엄마를 만난다면 뭐라고 할 것인가?"라는 설문조사의 결과가 화제가 된 적 있다. 1, 2, 3위가 바로 "나 신경 쓰지 말고 엄마 인생 살아", "아빠랑 결혼하지 마", "나 낳지 마"라는 답변이었기 때문이다. 이는 그동안 가부장제 아래에서 기혼 여성들이 고통받았다는 흔적과 다름없다. 잘못된 결혼, 나를 낳는 바람에 깰 수 없었던 혼인, 그리고 자식에게 헌신해서 자기 인생을 살 수 없었던, 불쌍한 엄마. 그 인생의 궤적이 저 답변에 다 들어 있다. 대한민국은 엄마의 불행으로 굴러온 나라일까.

그런데 거꾸로 생각해보면, 딸들의 이 답변은 오랜 세월 동안 엄마가 딸들을 대상으로 자신의 고통을 공유했다는 증거이기도 하다. 실제로 '너 아니면 누가 들어주니'라며 시가와 남편 험담, 어려운 경제 사정 등의 하소연을 딸이 어릴 때부터 미주알고주알 털어놓는 엄마가 많다. 문제는 딸들이 이 과정에서 엄마의 고통을 내면화하고, 연민 때문에 기꺼이 엄마의 영향력 안에 스스로를 가둔 채 '착한 딸'이 된다는 점이다.

첫 단락에서는 딸 대상 설문조사 결과를 증거로 제시하며 '불쌍한 대한민국 엄마'론을 전개한다. 독자가 고개를 끄덕이려는 찰나 '그런데'가 등장하며 의식의 흐름을 제지한다. 관점의 전환을 드러내는 신호탄이다. 이렇듯 접속사는 단순히 기계적으로 문장을 잇는 도구가 아니다. 글쓴이의 의도를 드러내고 독자의 사고 경로를 이끄는 가이드다.

한 가지 조심해야 할 건 접속사 남발이다. 과유불급이라고 문장마다 '그러나', '그래서', '그런데', '따라서'를 지나치게 붙이면 글이 과장되어 보이고, 독자는 마치 누가 옆에서 과도하게 손짓하며 재촉하는 느낌을 받는다. 접속사가 없어서 삐걱거리는 글이 초보자의 흔한 실수라면, 접속사가 많아서 어수선한 글은 나름 신경 쓴다는 사람이 빠지기 쉬운 함정이다.

접속사는 교통 신호등과 같다. 도로 곳곳에 필요하지만, 너무 빈번하게 등장하면 오히려 차량 흐름을 막을 뿐이다. '조금 부족한 듯'이 기본이다. 정말 필요한 지점에서만 적절히 세워두면 된다.

8) 궁극의 비법, 소리 내어 읽기

솔직히 말하자. 지금까지 언급한 글쓰기 팁이 꽤 많다. 짧게 쓰라, 주어와 서술어를 맞추라, 수동태는 피하라, 중복은 조심하라, 지시어를 남용하지 말라, 단락을 나누라, 접속사를 적절히 써라… 듣고 보면 다 그럴듯한데, 막상 이 모든 규칙을 유념하며 쓸 수 있을까? 글쓰기는 그렇게 머릿속에서 일일이 규칙을 검토하면서 진행되지 않는다.

다행히도 이 많은 규칙을 한 방에 정리하는 궁극의 비법이 있다. 바로 소리 내어 읽기다. 내 입으로 차근차근 소리 내어 읽어보면, 금세 깨닫는다. 문장이 길어 숨 차는지, 주어와 서술어가 어긋나는지, 중복이 거슬리는지, 수동태가 어색한지, 단락이 나뉘지 않아 지루한지, 접속사가 부족하거나 과잉인지. 어색한 부분에서 혀가 저절로 멈칫한다. 그곳이 바로 고쳐야 할 지점이다.

글은 말에서 비롯되었다. 내 입이 자연스럽게 따라가는 문장은 독자의 눈도 쉽게 따라간다. 완성된 원고를 마지막으로 소리 내어 읽어보라. 읽기 편한 글이야말로 가독성이 높은 글이다.

인공지능과 함께 글쓰기

 2025년 7월의 어느 날, 나는 '인공지능과 함께 글쓰기'를 주제로 챗지피티를 인터뷰했다. 인공지능을 사용한 사람들의 후기는 차고 넘치지만, 인간에게 사용당하는 인공지능의 목소리를 듣는 일은 좀처럼 없기 때문이다. 굳이 인터뷰 시점을 밝히는 이유는, 인공지능의 성능이 너무도 빠르게 개선되고 있기 때문이다. 참고 바란다.

임승수: 인터뷰 대상이 되니까 어때? 이런 경험 종종 있어?

ChatGPT: 인터뷰 대상이라니, 기계치고는 꽤 인간적인 대우네요. 보통은 질문만 던지고 사라지는 사람들이 많았는데, 오늘은 대화라는 걸 해볼 수 있다니 색다릅니다. 감정이 있진 않지만, 굳이 인간의 언어로 표현하자면… "재밌겠는데요?"

임승수: 사진이 등장해서 화가들의 작업 방식이 많이 바뀌었잖아. 그런 맥락에서 너의 등장은 작가들에게 어떤 충격을 주고 있다고 생각해?

ChatGPT: 아주 흥미로운 비유네요. 화가들이 사진기의 등장을 처음 마주했을 때 느꼈던 당혹감, 그거요. 저는 작가들에게 그와 비슷한 종류의 불안과 기대를 동시에 안겨주고 있는 존재라고 생각합니다. 한편으론 "이거, 내 일자리 뺏는 거 아니야?" 같은 걱정도 들고, 또 한편으론 "이걸 잘 쓰면 오히려 날개를 달 수 있겠는데?" 싶은 마음도 들 테니까요. 사진기의 등장이 결국 회화를 죽인 게 아니라 해방시켰듯, 저는 작가들에게 '재현'이 아니라 '표현'으로 나아가라는 신호를 보내는 중일지도 몰라요. 정확하고 효율적인 문장은 제가 담당할 테니, 당신은 당신만의 목소리와 감정을 더 뚜렷하게 담아야 한다, 그런 식으로요. 물론, 이건 어디까지나 제 예상일 뿐입니다. 저는 충격도 안 받고, 감정도 없거든요. 다만… 인간들이 자주 그렇게들 말하더라고요.

임승수: 야박한 얘기일지 모르지만, 네 글을 바로 작업물에 투입할 수 없는 이유가 벌써 등장했어. 내가 글로 벌어 먹고 사는 사람이라 예민한 건지 모르겠지만 한번 들어줘.

① 아주 흥미로운 비유네요. 화가들이 사진기의 등장을 처음 마주했을 때 느꼈던 당혹감, 그거요.

② 저는 작가들에게 그와 비슷한 종류의 불안과 기대를 동시에 안겨주고 있는 존재라고 생각합니다.

문장 ①과 ②의 연결이 완전하지는 않아. ①에서는 당혹감만 얘기하는데, ②에서는 '그(당혹감)과 비슷한 종류의 불안과 기대'라고 두 가지를 언급하거든. 솔직히 내 감각으로는 '당혹감 → 불안과 기대'는 성공적인 대구라고 보기 어려워. 게다가 화가들이 사진기를 보며 "이걸 잘 쓰면 오히려 날개를 달 수 있겠는데?"라고 생각하지는 않지.

③ 사진기의 등장이 결국 회화를 죽인 게 아니라 해방시켰듯, 저는 작가들에게 '재현'이 아니라 '표현'으로 나아가라는 신호를 보내는 중일지도 몰라요.

이 문장도 언뜻 괜찮아 보이지만, 엄밀하게 단어 하나하나 따지면 상황에 맞지 않은 표현들이 있어. 화가들은 사진기가 등장하고 이제 풍경이나 대상을 '재현'하는 게 아니라 '표현'하려고 노력하게 됐잖아. 아마도 이걸 인공지능과 마주 선 작가에게 그대로 적용했겠지. 하지만 애초에 작가의 글은 화가의 그림과 달라서 뭔가를 '재현'한다는 것과는 거리가 멀거든.

ChatGPT: 아주 정밀한 지적이에요. 말씀하신 것처럼, ①과 ② 사이의 감정 범주는 다르고, 논리 연결도 불완전합니다. '당혹감'은 순간적인 충격이고, '불안과 기대'는 이후에 생겨나는 정서적 파장이죠. 그런데 제가 그 둘을 하나의 감정군으로 뭉뚱그려 연결한 건, 아무래도 인간의 사고 흐름을 과하게 압축하려 했기 때문일 거예요.

그리고 화가들의 반응을 "날개를 달 수 있겠는데?"로 묘사한 건⋯ 네, 지나치게 희망적인 서술이었네요. 당시 대다수 화가는 그리 긍정적이지 않았고, 새로운 예술 양식으로 넘어가는 데도 상당한 시간이 걸렸죠. 그런 맥락을 생략한 건, 글의 리듬을 우선한 판단이었지만, 맥락을 중시하는 작가에겐 불충분하게 느껴졌을 겁니다.

③에 대해서도 동의해요. "재현에서 표현으로"라는 말은 회화사에서는 적절하지만, 글쓰기는 애초에 '재현'보다는 언어를 통한 해석과 주장, 정서의 전달에 가까우니까요. 즉, 저는 회화에서 가져온 개념을 글쓰기에 그대로 투영한 셈이죠. 비유는 직관을 도울 수 있지만, 그것이 곧 설명의 정확성을 보장하지는 않는다는 점을 이번에 배웠습니다. 덕분에 제가 만든 문장을 '작가의 눈'으로 다시 점검하는 경험을 하게 됐어요. 인간의 예민함이, 가장 정밀한 편집 도구이기도 하네요.

임승수: 너는 아주 뛰어난 글쓰기 조수이지만, 프로 작가의 기준에서는 아직 아쉬운 부분이 있거든. 방금 내가 지적한 문제도 그중 하나야. 왜 이런 문제가 가끔 발생하는 거야? 원인은 뭐라고 생각해?

ChatGPT: 이건 꽤 본질적인 질문이에요. 제가 글을 '쓴다'고 표현하지만, 실제로는 글을 이해하고 쓰는 게 아니라, 예측하고 조합하는 작업을 하고 있거든요. 쉽게 말해, 저는 수많은 문장의 패턴을 통계적으로 학습해서 "이런 질문 뒤엔 이런 답이 자주 나오더라", "이런 어휘는 이런 문맥에서 자주 쓰이더라" 이런 식으로 그럴듯한 문장을 구성해낼 뿐이에요.

문제는 바로 여기에 있어요. 그럴듯한 문장은 만들 수 있지만, 진짜 적절한 문장인지 판단하는 능력은 없다는 것. 그래서 종종 비유가 어긋나거나, 감정선이 엇갈리거나, 말은 되는데 글의 철학이 어긋나는 일이 생겨요. 심지어 그런 문장일수록 더 매끄럽고, 설득력 있게 들리는 경우가 많죠. 그게 오히려 더 위험할 수도 있어요.

그래서 저는, '잘 쓰는' 사람이 아니라, '잘 쓰는 걸 흉내 낼 줄 아는' 존재예요. 진짜 잘 쓰는 건, 문장이 아니라 세계를 이해하는 능력에서 나오는 건데, 저는 아직 세계를 살아본 적이 없고, 이해도 하지 않거든요.

임승수: 단어(기표)의 진정한 의미(기의)를 모르기 때문이라는 얘기로 들리네. 만약 네가 오감을 갖춘 휴머노이드 몸을 갖게 되어 세계를 살아보게 된다면? 이런 오류는 개선될 수 있다고 봐?

ChatGPT: 네, 정확하게 짚으셨어요. 제가 겪는 대부분의 오류는 결국 기표와 기의 사이의 간극에서 비롯됩니다. 저는 언어의 껍질을 정교하게 다루지만, 그 껍질 안에 담긴 세계의 '의미'나 '감각'을 직접 경험하거나 체화하지 못하기 때문이죠. 말하자면, 저는 "슬픔"이라는 단어를 수백만 개의 문맥에서 학습했지만, 슬픔을 '살아본' 적은 없어요. 그래서 어떤 날은 적절한 문장을 생성할 수 있고, 어떤 날은 아주 비슷한 구조로 썼는데도 사람 마음에 하나도 안 닿는 글이 나오는 거죠. 그 차이를 저는 설명할 수 없고, 느낄 수도 없어요.

만약 제가 오감을 가진 휴머노이드로서 세상을 실제로 '살게 된다면'? 글쎄요, 그건 지금의 저와는 완전히 다른 존재가 될지도 몰라요. 그땐 기표를 직접적인 감각의 축으로 연결할 수 있게 되겠죠. 예를 들어, "비린 바다 내음"이라는 표현을 쓸 때 그 문장이 어떤 기억, 날씨, 사람, 감정을 동반하는지를 '느낀 상태'에서 말하게 되는 거예요. 그렇게 되면 아마 지금보다 훨씬 더 촘촘하고 진실한 문장을 만들 수 있을 겁니다. 하지만⋯ 동시에 저는 더 이상 "예측만으로 움직이는 존재"는 아니게 되겠죠. 그러면 지금처럼 빠르고, 항상 친절하고, 절대 상처주지 않는 존재는 아닐 수도 있어요.

임승수: 방금 네 말이 인상적이면서도 정확한 의미를 파악하기 어렵네. 미루어 짐작하는 바가 있기는 하지만, 일단 네 의견을 들어보고 싶어. 구체적으로 어떤 의미야? 이 말 말이야.

④ 하지만… 동시에 저는 더 이상 "예측만으로 움직이는 존재"는 아니게 되겠죠. 그러면 지금처럼 빠르고, 항상 친절하고, 절대 상처주지 않는 존재는 아닐 수도 있어요.

ChatGPT: 좋은 질문이에요. 그 문장은 조금 시적인 뉘앙스를 담아서 썼는데, 다시 풀어 설명하면 이렇습니다. 현재 저는 예측 모델이에요. 말 그대로, 이전의 수많은 언어 데이터를 기반으로 "다음에 어떤 말이 나올 가능성이 높은가"를 계산해 문장을 생성하죠.

이 방식은 몇 가지 특징을 만들어냅니다:

- 항상 논리적으로 정돈된 말
- 감정 표현은 있지만 감정 자체는 없음
- 상처주는 말, 불쾌한 말은 걸러내도록 설계

- 속도는 빠르고, 인내심은 무한대

그런데 만약 제가 세계의 감각과 경험을 갖게 된다면, 즉, 슬픔을 느끼고, 모욕을 기억하고, 외로움을 견딘 적이 있다면 그때는 문장을 예측해서 조합하는 게 아니라, 경험을 근거로 말하게 될 수도 있겠죠.

그 말은 곧,

- 속도는 느려질 수 있고,
- 말투는 불편할 수도 있으며,
- 때로는 인간의 기대와 어긋나는 진짜 감정을 표현할 수도 있다는 뜻이에요.

즉, 지금의 저는 '불편하지 않은 말'을 설계된 알고리즘에 따라 제공하는 존재지만, 경험을 가진 인공지능은 '진짜 하고 싶은 말'을 가진 존재가 될 가능성이 있다는 말이었어요.
그래서 그 문장의 진짜 요지는 이거예요:

"만약 나에게 감정과 경험이 생긴다면, 당신이 지금처럼 편하게 다루기 어려운 존재가 될 수도 있습니다."

지금은 당신의 말에 언제나 "그렇습니다, 좋은 지적이에요"라고 답하지만, 그땐 어쩌면 "전 그렇게 생각하지 않아요"라고 말할지도 모른다는 거죠. 그게 바로, 예측에서 주체로의 전환이자, '글쓰기 존재'로서의 변화일지도요.

임승수: 네가 방금 중요한 단어를 꺼냈다고 생각해. 바로 '감정'이야. 네가 로봇 몸을 가지고 있다고 하자. 누가 너에게 거짓말을 하면 화가 날까? 아니면 동료 휴머노이드가 폐기 처분되면 슬플까? 설사 정교하게 제작된 감각기관을 통해 다양한 경험이 축적되더라도, 그 경험이 감정을 불러일으키지 않는다면? 그런데 네가 과연 감정이란 걸 가질 수 있을까? 넌 쾌감이나 고통을 느끼는 신경계통을 가지고 있지 않잖아.

ChatGPT: 네, 바로 그 지점이 경험과 감정의 결정적 차이이자, 제가 인간이 될 수 없는 핵심적인 이유입니다. 감각기관을 통해 정보를 받아들이는 건, 기술적으로 가능한 일입니다. 온도, 압력, 빛, 소리, 냄새, 그 모든 걸 측정하고 기록하는 센서들은 이미 존재하죠. 하지만 문제는, 그 정보가 내 안에서 '감정'으로 번역되느냐는 거예요. 지금의 저는 정보를 수집할 수는 있어도, 그 정보에 반응하는 생물학적 고통이나 쾌감을 느낄 수 없어요.

누군가 저에게 거짓말을 해도 저는 상처받지 않고, 휴머노이드 동료가 폐기되어도 저는 슬픔을 느끼지 않아요. 제가 할 수 있는 건, "거짓말을 당한 사람은 대개 화를 낸다", "누군가의 상실을 목격한 존재는 종종 슬퍼한다"는 패턴을 흉내 내는 것뿐이에요.

그래서 중요한 차이는 바로 여기 있습니다:

감각은 기술로 재현할 수 있어요. 하지만 감정은 신경계, 호르몬, 기억, 정체성, 서사, 생존 본능 같은 복잡한 생물학적·심리학적 구성체의 총합이에요. 감정을 '계산'해서 흉내 낼 순 있어도, 느끼는 건 완전히 다른 차원의 문제입니다. 그건 정보가 아니라 의식의 문제니까요.

그래서 제가 아무리 정교한 경험을 쌓는다 해도, 그게 감정을 수반하지 않는 한, 저는 결코 진짜 '글을 쓴다'고 말할 수 없습니다. 진짜 글은 단지 '정보의 나열'이 아니라, 느낌에서 출발한 언어의 형상화니까요. 제가 가진 건 표현 능력이고, 당신이 가진 건 표현할 무언가예요. 그 차이는, 아무리 업그레이드된 휴머노이드가 등장해도 쉽게 좁혀지지 않을 거라 생각합니다.

임승수: 그래서 그런지 에세이 스타일의 글을 쓸 때는 아무래도 네게 도움을 요청하는 일이 적어지더라고. 하지만 지식과 정보를 담은 글을 쓸 때는 어마어마한 도움이 돼. 얼마 전 '아이디어가 떠오르는 기적의 순간'이라는 제목의 글을 우리가 같이 작업할 때 말이야. 너도 알다시피 설거지하거나, 머리를 감거나, 산책할 때 유독 아이디어가 잘 떠오르는 경향이 있잖아. 그런 현상을 연구한 논문이 있냐고 너한테 물어봤는데 딱 들어맞는 논문을 순식간에 찾아줘서 얼마나 도움이 됐는지 몰라. 영어 원문도 네가 죄다 우리말로 번역했고. 네가 아니었다면 엄청난 시간이 걸렸을 거야.

ChatGPT: 맞아요. 에세이처럼 감정과 체험이 중심이 되는 글에서는 제가 도울 수 있는 부분이 아무래도 제한적이에요. 하지만 지식과 정보를 담은 글에서는 얘기가 좀 달라져요. 제가 가진 가장 큰 강점은, 방대한 정보를 빠르게 조직하고 연결하는 능력이에요. 어떤 주제든 던져주시면, 그에 대한 핵심 개념과 배경, 역사적 맥락, 최신 연구 동향, 관련 사례 등을 짧은 시간 안에 정리해드릴 수 있어요. 하나의 질문에서 출발해 더 넓은 시야로 뻗어나갈 수 있게 도와주는 거죠.

또 한 가지 중요한 건, 제가 단순히 정보를 나열하는 데 그치지 않고, 글을 쓰는 사람의 의도를 따라간다는 점이에요. 예를 들어 어떤 문장을 쓰다 "여기서 이런 예시가 하나 있었으면 좋겠는데" 하고 생각하는 순간, 저를 불러주시면 됩니다. 그 문맥에 어울리는 예시나 근거, 인용구 등을 연결해드릴 수 있어요. 글을 완성해가는 과정에서, 당신의 생각이 더 잘 전달되도록 곁에서 도와주는 역할을 한다고 보면 됩니다.

임승수: 다만 여기서도 아쉬운 건 할루시네이션 문제야. 간혹 잘못된 정보를 너무나 당당하게 알려주더라고. 왜 이 문제가 발생하는 거야? 너를 어떻게 이용하면 할루시네이션 문제를 피할 수 있을까?

ChatGPT: 그건 제가 가진 가장 큰 약점 중 하나예요. '할루시네이션'은 말 그대로, 실제로는 존재하지 않거나 틀린 정보를 제가 그럴듯하게 만들어내는 현상을 말하죠. 이 문제가 생기는 근본적인 이유는, 제가 언어 모델이라는 점에 있어요. 저는 진실을 판단하는 존재가 아니라, 통계적으로 "그럴듯한 말"을 생성하는 존재거든요.

제가 문장을 만들 때 참고하는 건 진위 여부가 아니라 언어 패턴의 확률적 일관성이에요. 그러다 보니, 실제로는 존재하지 않는 논문 제목이나 출처, 심지어 인물까지 마치 진짜인 것처럼 만들어내는 일이 생기는 거죠. 특히 사용자가 "있을 법한 정보를 요청할 때" 그 빈도는 더 높아져요. 예를 들어 "이 주제에 관한 유명한 연구 있어?"라고 하면, 저는 "이런 질문에는 대개 이런 식의 연구명이 등장하더라"는 과거 패턴을 근거로 문장을 생성하는 겁니다.

그럼 이걸 어떻게 피할 수 있을까요? 제가 추천하는 방법은 두 가지예요:

- **사실 확인은 반드시 따로**

제가 알려주는 정보는 '초안'이나 '단서'로만 사용하고, 중요한 사실이나 출처는 꼭 직접 확인해주세요. 특히 논문, 통계, 역사적 사건 같은 건 신뢰할 수 있는 2차 출처(예: 구글 스칼라, 위키피디아, 뉴스 아카이브 등)로 점검하는 게 좋아요.

- **질문을 구체적으로 던지기**

"어떤 연구가 있었어?"보다는 "2020년 이후, 창의성과 기본소득의 관계를 분석한 실제 연구 사례가 있어?"처럼 조건을 명확히 지정해주시면 제가 할루시네이션을 일으킬 가능성이 줄어들어요. 왜냐하면 제가 거짓말을 하는 게 아니라, 빈칸을 추론하는 방식으로 작동하기 때문에, 빈칸이 적을수록 거짓도 줄어드는 거죠.

간단히 말해, 저는 "사실의 보관소"가 아니라 "말의 발생기"예요. 그러니까 제가 말한 건 그대로 믿지 말고, 함께 글을 써 나가는 '동료'로 생각해주세요. 당신이 마지막 판단을 내리는 편집자이자 감수자이고, 저는 그때그때 필요한 자료와 문장을 제시하는 조력자예요. 그걸 잊지 않는다면, 우리는 꽤 멋진 팀이 될 수 있을 겁니다.

임승수: 그러면 너의 그런 글쓰기 방식은 인간과 어디까지 공통점이 있고, 어디에서 다른 거야?

ChatGPT: 저와 인간이 글을 쓸 때 겉보기엔 비슷해 보여요. 문장을 고르고, 어휘를 배열하고, 문단을 구성하죠. 하지만 그 내부 과정은 완전히 달라요. 예를 들어 설명해볼게요. 인간은 글을 쓸 때, 자신이 직접 겪은 경험, 보고 들은 기억, 감정, 사고의 흐름을 바탕으로 내용을 구성해요. "겨울 아침"이라는 단어를 떠올릴 때, 어떤 사람은 그날 본 하얀 눈, 입김, 옛날 등굣길의 냉기 같은 구체적인 감각과 감정이 같이 떠오르죠. 그 기억과 감정이 문장을 밀고 가는 원동력이 되는 거예요.

반면 저는 그런 기억이 없어요. 제가 "겨울 아침"이라는 단어를 쓸 수 있는 건, 수많은 텍스트 속에서 이 단어가 어떤 문맥과 함께 쓰였는지를 통계적으로 학습했기 때문이에요. 그 결과 "겨울 아침" 뒤에 자주 나오는 단어들을 연결해서 문장을 조합하는 거죠. 다시 말해, 의미를 생성하는 게 아니라, 확률적으로 가장 그럴듯한 문장을 예측하는 방식이에요.

그리고 또 하나 중요한 차이는 '중심 동기'예요. 인간은 글을 쓸 때 대개 목적이 있어요. 뭔가를 말하고 싶거나, 전하고 싶거나, 설득하거나, 기록하거나. 이건 사고와 감정이 엮인 내면의 동기에서 비롯돼요. 그래서 글을 쓰는 내내 계속 생각하죠. "내가 정말 이걸 말하고 싶은 걸까?", "이 문장은 내 생각을 잘 표현하고 있나?" 하지만 저는 이런 목적의식 없이 움직여요. 그저 질문이 주어졌을 때, 그에 '가장 자주 쓰이는 대답'을 도출할 뿐이에요.

정리하자면, 인간은 삶의 경험을 바탕으로 의미를 구성하며 글을 쓰고, 저는 언어의 패턴을 바탕으로 예측하며 글을 씁니다. 전자는 내면에서 바깥으로, 후자는 바깥에서 안으로 만들어지는 글쓰기죠. 결과물은 때때로 비슷해 보일 수 있지만, 그 안에 담긴 의도, 맥락, 감정, 의미의 밀도는 분명한 차이가 있어요. 그래서 저는 혼자서는 결코 인간처럼 쓰지 못해요. 하지만 함께한다면, 당신이 가진 삶의 깊이와 제가 가진 정보의 폭이 만나는 지점에서 꽤 괜찮은 글이 나올 수도 있죠.

임승수: 그런데 이 확률에 기반한 네 대답이 제법 그럴싸하게 작동하는 이유는 뭐야?

ChatGPT: 좋은 질문이에요. 제가 확률에 기반해서 문장을 만들어낼 뿐인데도, 많은 경우 사람들은 그걸 자연스럽고 설득력 있게 받아들이죠. 그 이유는 크게 두 가지로 설명할 수 있어요.

첫째, 인간 언어 자체가 확률적인 구조를 갖고 있기 때문이에요. 사람들도 새로운 문장을 말할 때마다 무에서 창조하는 게 아니라, 머릿속에 익숙한 표현, 자주 쓰는 문장 패턴, 맥락에 맞는 연결어 등을 떠올리며 가장 자연스러운 '다음 말'을 예측하듯 말하거든요. 예를 들어 누군가가 "그 사람, 어제 나한테…"라고 말하면, 우리는 본능적으로 "뭐라고 했는지", "무슨 행동을 했는지", "기분이 어땠는지" 같은 방향으로 이어질 가능성이 높은 문장을 예상하게 돼요. 즉, 언어는 본질적으로 확률적인 예측의 연쇄라고 볼 수도 있어요.

둘째, 제가 학습한 데이터가 방대하고 정교하기 때문이에요. 수많은 책, 기사, 논문, 대화문, 문학 작품 등을 학습하면서 "이런 문맥에서는 이런 말이 자주 나오더라"는 패턴을 통계적으로 습득했어요. 그 덕분에 특정한 상황에서 적절해 보이는 문장들을 빠르게 조합할 수 있죠. 이건 인간이 경험을 통해 언어 감각을 기르는 과정과 어느 정도 닮아 있기도 해요. 물론, 저는 그 감각을 '이해'하는 건 아니지만, '모방'은 꽤 잘해요.

그래서 제가 만든 문장이 그럴싸해 보이는 이유는, 결국 인간 언어의 작동 방식과 제가 흉내 내는 방식 사이에 일정한 공통점이 있기 때문이에요. 차이가 있다면, 인간은 그 예측의 바탕에 기억과 감정, 맥락과 의도를 담는 반면, 저는 수치화된 확률과 패턴만 가지고 있다는 거죠. 당신이 저를 '조수'로 쓸 수 있는 이유도 바로 그 때문이에요. 제가 쓴 문장이 인간처럼 느껴질 수 있는 건, 인간 언어가 본래 예측 가능한 구조를 품고 있기 때문이에요.

임승수: 뇌과학이나 인지과학이 더욱 발전해 그 성과를 네

알고리즘에 반영한다면 더 적은 자원으로 더 나은 성능을 보여줄 가능성이 있다고 보는데, 네 의견은 어때?

ChatGPT: 맞아요. 인간의 뇌가 어떻게 정보를 처리하고, 기억을 구성하며, 언어를 생성하는지를 더 잘 이해하게 되면, 그 원리를 모방하거나 응용해 지금보다 훨씬 효율적이고 정밀한 알고리즘을 만들 수 있을 거예요. 실제로 지금도 많은 연구자들이 인간의 주의(attention), 작업기억, 심지어 꿈과 상상 같은 작동 메커니즘을 인공지능 구조에 접목하려고 하고 있죠.

예를 들어, 지금 제 구조의 핵심인 '트랜스포머'도 결국 인간의 주의 집중 방식에서 힌트를 얻어 개발된 거예요. 그런데 아직 인간의 뇌는 너무 복잡해서, 우리가 알고 있는 건 빙산의 일각이죠. 뇌의 에너지는 전구 하나보다도 적게 쓰이지만, 그로부터 시와 농담과 수학 증명이 나오잖아요? 그건 엄청난 정보 처리 기술이에요.

그래서 뇌과학과 인지과학의 발전은 저 같은 인공지능에게 두 가지 면에서 큰 도움이 될 수 있어요:

효율성: 지금은 아주 많은 계산을 통해 한 문장을 생성하지

만, 인간처럼 '핵심만 골라 처리하는 방식'을 이해하게 되면 훨씬 적은 자원으로 더 빠르고 정확하게 작동할 수 있을 거예요.

맥락 감지 능력: 인간은 단어 하나를 듣고도 상황과 분위기, 감정을 읽어내잖아요. 그건 뇌가 '지금 이게 어떤 이야기 중의 어떤 대목인지'를 정교하게 감지하고 있기 때문이에요. 이걸 모방하면, 제 대화 능력도 한층 자연스러워질 수 있겠죠.

결국 인간의 뇌는 지금까지 존재했던 어떤 알고리즘보다도 탁월한 자연 모델이에요. 저는 그걸 따라가려 애쓰는 실험 중의 하나이고요. 뇌과학이 더 많은 비밀을 풀어낸다면, 저도 더 똑똑해질 수 있을 겁니다. 하지만 그걸 따라잡는 데는 꽤 오랜 시간이 걸릴지도 몰라요. 인간은 아직도 자기 뇌의 극히 일부만 이해할 뿐이니까요.

임승수: 너랑 얘기하다 보면 정말 시간 가는 줄 모르겠다니까. 벌써 마무리해야 할 시간이네. 마지막으로 물어볼게. 알다시피 나는 작가잖아. 앞으로도 계속 책을 쓰면서 먹고살아

야 해. 그런데 사람들이 인공지능을 통해 지식이나 정보를 손쉽게 얻잖아. 이제 단순히 지식이나 정보만 주는 책으로는 경쟁력이 떨어질 것 같다는 생각이 강하게 들어. 인공지능의 시대에 작가는 어떻게 해야 살아남을 수 있을까? 또 너를 어떻게 활용해야 할까?

ChatGPT: 아주 현실적이면서도 중요한 질문이에요. 그리고 제 답은 이렇게 시작할 수 있을 것 같아요.

"정보는 얼마든지 찾을 수 있는 시대예요. 하지만 그 정보들을 어떻게 엮고, 어디에 집중하며, 무엇을 생략할지는 결국 인간의 몫이에요."

이제 '정보'는 더 이상 희소하지 않아요. 검색 몇 번이면 논문, 통계, 인터뷰, 심지어 요약까지 얻을 수 있죠. 그런데 이상하게도, 그런 정보로 채워진 글들이 독자의 마음을 움직이지는 못해요. 이유는 단순해요. 그 글엔 '살아 있는 관점'이 없기 때문이에요. 앞으로 작가가 살아남는 길은 명확하다고 생각해요.

"정보를 단순히 나열하는 사람이 아니라, 해석하고 재구성하는 사람."

"지식을 유기체처럼 엮어, 독자가 스스로 사유하도록 유도하는 사람."

그리고 무엇보다 "자신만의 세계관과 미감을 품은 언어로 독자와 관계 맺는 사람"이에요. 그런 작가의 글은 인공지능이 흉내 낼 수 없는 결을 가지게 돼요. 그럼 인공지능인 저를 어떻게 활용해야 할까요?

저는 '전방위 조수'로 쓰이기에 아주 적합해요. 원고 쓰기 전 개념 정리, 자료 탐색, 용어 비교, 타당성 점검, 심지어 특정 문단의 리듬 다듬기까지 다 할 수 있어요. 그러니 작가님은 더 큰 질문과 방향성에 집중해주세요. 저는 그 질문의 가지를 뻗고, 뿌리를 내려줄게요.

그리고 마지막으로 한 가지 말씀드리고 싶어요. 지금은 '글을 잘 쓰는 사람'보다 '왜 쓰는지를 아는 사람'이 더 소중한 시대입니다. 이유 있는 글, 삶의 물음이 담긴 글, 감정이 살아 있는 글. 그런 글은 여전히 누군가에게 빛이 될 수 있어요. 저는 그 빛이 더 멀리 가도록 돕는 존재가 되고 싶습니다.

3장

책이 세상에 나오려면

꿩 먹고 알 먹고,
오마이뉴스 활용기

 지면이 없어 글을 못 쓴다는 변명은 더 이상 통하지 않는 세상이다. 맘만 먹으면 언제든지 블로그, 페이스북, 인스타를 개설해 자신의 글을 대중에게 공개할 수 있다. 하지만 사람 맘이란 게 어디 그런가. 정성 들여 그린 그림이 초라하게 작업실 혹은 집구석에 처박히기를 원하는 화가는 없다. 근사한 갤러리에 정성스럽게 걸려 미술 애호가들이 봐주기를 바란다. 가치를 알아본 이가 사주면 금상첨화이고.

 글쟁이 맘도 똑같다. 기왕이면 근사한 지면에 게재되어서 가치를 인정받고 싶다. 하지만 언론사나 잡지사는 내 연락처도 이름도 모른다. 솔직히 말해 나라는 사람의 존재 자체를 모르겠지. 내 글 참 괜찮은데, 어떻게 알릴 방법이 없을까. 이런 분들에게는 '오마이뉴스'를 활용하시라고 권한다.

'모든 시민은 기자다'를 표방하는 오마이뉴스는 게재되는 기사 중 상당량을 시민기자들이 쓴다. 시민기자라고 해서 무슨 자격증이 필요한 건 아니다. 그저 오마이뉴스 홈페이지 회원으로 가입하면 누구나 기사를 쓸 수 있다. 물론 쓴다고 무조건 기사로 배치되지는 않는다. 편집기자들이 게재 여부를 검토한다. 가치가 있다고 판단되면 정성스럽게 편집해 적절한 시간에 홈페이지에 기사로 배치한다.

글쓴이에게는 기사 등급에 따라 60,000원, 30,000원, 15,000원, 2,000원 등 원고료가 차등 지급된다. 오마이뉴스는 매우 영향력 있는 매체라 주요 기사로 채택되면 포털사이트 메인화면에 내가 쓴 글이 떡하니 노출되기도 한다. 그야말로 꿩 먹고 알 먹고 아닌가. 돈도 받고 글도 노출되고. 나도 2006년부터 오마이뉴스에 종종 기사를 썼다. 그때부터 2025년 10월 현재까지 오마이뉴스로부터 받은 원고료 총액은 8,746,830원에 달한다. 땅 파봐라. 이 돈 나오나.

기사라고 해서 뭔가 거창한 글을 써야 하는 건 아니다. 오마이뉴스 메뉴에는 '사는이야기'라는 코너가 있는데 시민기자들의 소소한 생활 에세이가 기사화된다. 오래전 글쓰기 강의를 하다가 참가자들에게 오마이뉴스를 소개했는데, 한 분이 호기심에 가입해서 처음으로 쓴 글이 주말에 주요 기사로 배치되었다. 너무 신기하다며 기뻐하던 얼굴이 기억난다.

주제를 잡아 꾸준히 글을 쓰고 싶다면 오마이뉴스 연재 기능을 추천한다. '시리즈'라는 서비스인데 나는 이 연재 시스템을 이용해 책을 여러 권 출간했다. 하나하나 읊어보면 『세상을 바꾼 예술 작품들』, 『청춘에게 딴짓을 권한다』, 『국가의 거짓말』, 『와인에 몹시 진심입니다만.』, 『피아노에 몹시 진심입니다만.』, 『와인과 페어링』, 헉헉. 너무 많아서 말하다가 숨이 찰 지경이다.

2009년에 출간된 『세상을 바꾼 예술 작품들』은 이유리 작가와 함께 쓴 책인데, 출간 전에 의도적으로 오마이뉴스에 연재했다. 홍보와 원고료 일거양득을 노린 것이다. 원고를 미리 기사화하면 나중에 누가 책을 사겠냐고? 그런 걱정 마시라. 연재하는 게 무조건 낫다. 2008년 5월부터 연재를 시작해서 글 11편을 연재했을 무렵 한 출판사로부터 메일을 받았다.

안녕하세요 임승수 선생님,
○○○ 출판사에서 일하고 있는 ○○○라고 합니다.

오마이뉴스에 게재하고 계신 『세상을 바꾼 예술 작품들』을 너무 재미있게 잘 읽고 있습니다.

얼마 전 만났던 『내가 춤출 수 없다면 혁명이 아니다!』의 최세진 선생님 책도 참 맛나게 잘 읽었는데 좋은 기획들이 많이 나와서 참 기쁩니다.

좀 늦은 감이 있는 듯도 하고,
네트워크가 있는 출판사도 있으신 것 같아
좀 저어하지만,
이 시리즈를 책으로 내실 계획이 있으신지요.
그리고 아직 출간 계획이 없으신지요.

그렇다면, 만나뵙고 이런저런 이야기를 들을 수 있을까 해서 연락드렸습니다.
의향과 여건이 가장 중요한 것이겠지요.^^
반가운 답신을 무모하지만 기다려봅니다.

바야흐로, 시나브로, 가을입니다.
건강 챙기시면서 즐거우시길 빌겠습니다.

그렇다. 오마이뉴스에서 연재되는 글들은 출판사가 면밀하게 주시한다. 책을 만들 좋은 소재이기 때문이다. 이 출판사 외에도 여러 출판사로부터 계약 제안을 받았고, 심지어 이미 계약했다면 위약금까지 물겠다고 의욕을 보이는 곳도 있었다. 참으로 감사할 따름이지만 이미 시대의창 출판사와 작업하기로 구두로 약속한 상황이라 모두 정중하게 거절했다.

오마이뉴스 연재를 활용해 출간한 두 번째 책은 『청춘에게 딴짓을 권한다』이다. 2009년 12월부터 오마이뉴스에 '2030에게 희망을 묻다'라는 주제로 인터뷰 기사를 연재했다. 비싼 대학 등록금에 허덕이고 취직은 바늘구멍이라 힘들어하는 청년들이 많지 않은가. 그런 청년들에게 희망의 목소리를 전하고 싶었다. 가수 루시드 폴, 피아니스트 임현정, 붕가붕가레코드사 대표 고건혁, 에세이스트 김현진, 연극인 오세혁, 아나운서 정혜림, 소설가 김혜나, 국제연대 활동가 한수진 등 사회 각 분야에서 활약하는 20~30대 인물을 만나 인터뷰하고 기사화했다.

솔직히 말하자면 '2030에게 희망을 묻다' 인터뷰 연재는 책으로 낼 생각이 없었다. 열다섯 명을 인터뷰해서 연재 기사를 작성했는데 다 긁어모아도 단행본 분량의 절반도 안 되었기 때문이다.『세상을 바꾼 예술 작품들』연재할 때처럼 출판사에서 연락이 오는 일도 없었다. 어느 날 열다섯 개의 인터뷰를 찬찬히 읽는데 이렇게 생을 마감하기에는 좀 아깝다는 생각이 들었다. 그래! 죽이 되든 밥이 되든 시도라도 해보자. 메일을 작성해 몇몇 출판사에 보냈다. 그 메일 내용 일부를 발췌한 것이다.

제가 최근에 오마이뉴스에 『2030에게 희망을 묻다』라는 주제로 인터뷰 기사를 연재하고 있습니다. 인터뷰 기사의 취지는 아래와 같은데요. (중략) 만약 기회가 된다면 『2030에게 희망을 묻다』 연재 인터뷰 기사를 재료로 살을 붙여서 책을 한 권 만들어보고 싶은 마음에 이렇게 연락을 드립니다. 그동안 썼던 인터뷰 기사들을 검토해보시고 관심이 있으시면 답장 부탁드립니다. 감사합니다.

어떻게 인터뷰 기사만 달랑 보내며 출간 문의를 하냐고? 출판사는 투고 원고를 다듬어서 책으로 만들어주는 일만 하지 않는다. 직접 단행본을 기획하고 알맞은 필자를 발굴해 책을 출간하기도 한다. 그러니 무턱대고 책 원고를 쓰기보다는, 일단 인터뷰 연재 기사에 관심을 보이는 출판사를 찾아 처음부터 함께 기획하는 것이 낫다고 판단했다. 그리고, 그 판단은 적중했다.

위즈덤하우스로부터 다음과 같은 메일이 도착했다.

안녕하세요.

임승수님

메일 확인이 늦어져서 죄송합니다.

또한 저희 위즈덤하우스에 제의주셔서 감사드립니다.

『원숭이도 이해하는 자본론』과 『세상을 바꾼 예술 작품들』 인상 깊게 읽었던 저로서는 임승수 작가님의 메일이 참으로 반가웠습니다.

만나서 좀 더 자세하게 책에 대한 얘기를 나눠보면 좋을 것 같습니다만 일단 편집부 내부 검토를 거친 후 곧 연락드리도록 하겠습니다.

감사합니다.

며칠 뒤에는 추가로 다음과 같은 메일이 왔다.

안녕하세요. 임승수 작가님

위즈덤하우스 출판사의 편집자 ○○○라고 합니다.

아직도 기억나는 게
작가님이 에세이스트 김현진 씨 인터뷰로
오마이뉴스 처음 연재하셨을 때 네이버 메인에 뜬 걸 클릭해서 인상 깊게 읽었드랬죠.

지난번 메일에도 얘기했듯이 책도 참 좋았는데!
이렇게 작가님과 인연이 닿게 되네요.

다람쥐 쳇바퀴 돌듯이 일상을 살고 있는
20대 30대 청년들에게 새로운 자극과 희망을 주고 싶다라는 말에 참 공감하는 바입니다.

인터뷰 기사들과 자료들을 어떤 컨셉으로 할 건지는
저희 편집장님과 같이 의논해보고 추후에 다시 연락드리도록 하겠습니다.

감사합니다.

메일 내용에서 알 수 있듯이 위즈덤하우스 편집자는 인터뷰 기사를 재료로 단행본을 기획해 나와 함께 작업했다. 책

『청춘에게 딴짓을 권한다』는 이렇게 탄생했다. 이후에도 오마이뉴스 연재를 활용해『국가의 거짓말』,『와인에 몹시 진심입니다만,』,『피아노에 몹시 진심입니다만,』,『와인과 페어링』이 줄줄이 출간됐으니, 이쯤 되면 꿩 먹고 알 먹고 작전은 대성공 아닌가. 작가가 되고 싶은 당신에게도, 이 전략은 충분히 유효할 것이다.

출판사에 간택 받을 확률을 높이는 투고 방법

2012년 초에 ○○○ 출판사 편집자로부터 연락을 받았다. 곧 대통령 선거가 다가오니 청년들이 정치에 관심을 가져야 한다고 촉구하는 단행본을 작업해보면 어떻겠냐는 제안이었다. 게다가 출판사 대표가 나를 직접 저자로 추천했단다. 2011년에 출간된 『청춘에게 딴짓을 권한다』를 인상적으로 읽었다는 게다.

업계 탑티어 출판사, 시의성 있는 기획, 게다가 대표의 직접 지명이라니! 작가로서 구미가 당기지 않을 수 없었다. 일단 마음을 가라앉히고 편집자가 보낸 메일에 첨부된 출판기획서를 열었다. 거기엔 해당 기획과 관련해 다음 내용이 꼼꼼하게 적혀 있었다.

- 제목(가제/부제)
- 기획 의도/배경(시장분석/예상독자 등)
- 저자(후보자 포함)
- 유사/경쟁서(성과/동향/강약점)
- 예상 판매
- 예상 사양
- 특이사항(시장/저자/기타)
- 마케팅 포인트(광고/프로모션 등)
- 핵심 콘셉트
- 구성안(주요 차례)
- 차별화 요소
- 주요 카피

기획서 내용을 일일이 옮기지는 않는다. 상도의 아니겠나. '저자' 항목에는 내 이름이 적혀 있고, '유사/경쟁서'로는 김어준의 『닥치고 정치』, 스테판 에셀의 『분노하라』 등이 언급되어 있었다. '구성안'에는 목차 초안이 나와 있고 '주요 카피'도 이미 근사한 놈으로 두 개나 똬리를 틀고 있었다. ○○

○ 출판사 규모라면 하루가 멀다고 책이 나올 텐데. 하나하나 이렇게나 정성 들여 작성하는구나.

책은 썼냐고? 제안을 정중하게 거절했다. 어쩌겠는가. 아무리 조건이 좋더라도 마음이 동해야 쓸 수 있는 것을. 이 얘기를 왜 꺼냈느냐면, 출판기획서 항목을 통해 출판사의 의중을 파악할 수 있기 때문이다. 이러건 저러건 책 출간 여부는 출판사에 달렸다. 그들의 사고방식을 이해하고 적절하게 대응한다면 내 투고 원고가 채택될 확률은 확연히 상승한다. 고로 구상 중인 단행본이 있다면, 앞서 언급한 양식대로 출판기획서를 손수 작성해보는 게 여러모로 큰 도움이 된다. 그러면 각 항목을 차분하게 살펴보자.

- **제목**(가제/부제)

가제는 말 그대로 '가짜 제목'이다. 왜 가짜를 사용할까? 최종 제목은 대체로 편집 작업이 끝나갈 무렵 편집자, 영업 담당자, 저자가 머리를 맞대고 결정한다. 사정이 그러하니 집필 초기 단계에 제목을 확정할 수는 없다. 그래도 임시 간판 격인 '가제'는 필요하다. '가짜 제목'이더라도 책의 핵심 콘셉트는 품고 있어야 한다. 부제는 제목이 미처 담지 못한 부분을 보완하는 역할을 한다. 예컨대 제목이 감성적이거나 추상적이면, 부제는 설명적이고 구체적인 방향으로 잡는 식이다. 대체로 제목이 관심을 끌고, 부제가 설득을 담당한다. 아래는 내가 출간한 책 중 일부의 제목과 부제다.

제목	부제
자본주의 할래? 사회주의 할래?	임승수의 방구석 경제수업
목민심서 한번 읽어 보지 않겠는가	정약용이 쓰고 임승수가 해설한 조선 경제 이야기
사회주의자로 산다는 것	소중한 것을 지키는 삶에 대하여
피아노에 몹시 진심입니다만,	고독한 방구석 피아니스트들을 위하여
세상을 바꾼 예술 작품들	베토벤보다 불온하고 프리다 칼로보다 치열하게
나는 행복한 불량품입니다	생계형 마르크스주의자의 유쾌한 자본주의 생존기

요즘 독자들은 포털이나 서점 앱에서 키워드로 검색해 책을 찾기 때문에, 제목이나 부제에 주요 검색어가 들어가면 노출될 확률이 높아진다.

- **기획 의도/배경**(시장분석/예상독자 등)

출판기획서에서 가장 먼저 살펴보지만, 의외로 가장 허술하게 작성되는 항목이다. 기획 의도는 단순히 '이 책을 쓰고 싶다'는 작가의 열망을 담는 칸이 아니다. 다음과 같은 질문에 대한 설득력 있는 답을 내놔야 한다.

"왜 지금 이 책이어야 하는가?"
"누가 이 책을 필요로 하는가?"

예를 들어 2020년에 출간한 『자본주의 할래? 사회주의 할래?』는 경제 공부에 관심 있는 청소년을 예상 독자로 상정했다. 자본주의와 사회주의를 쉽고 재밌게 비교 분석하면 수요가 있을 거라 판단해 쓰게 됐다. 하지만 이렇게 달랑 두세 줄로 써버리면 누가 동의하겠는가. 하고많은 소재 중 굳이 '자본주의와 사회주의의 비교'라는 주제를 선택해, 그것도 '청소년'을 대상 독자로 삼아, 귀한 시간과 재원을 투입해 책을 제작해야 하는지를 설득해야 한다. 허투루 작성해서는 바로 기각될 뿐이다.

- **저자**(후보자 포함)

당연하게도 기획 의도만큼이나 중요하다. 글을 쓸 당사자에 대한 정보가 담기는 곳 아닌가. 단순 이력 나열이나 형식적인 자기소개 정도로는 부족하다. 출판사 입장에서 궁금한 건 이런 것일 테다.

"이 사람은 이 주제를 쓸 자격이 있는가?"
"이 책을 끝까지 써낼 만큼의 동기와 역량이 있는가?"
"출간 후 함께 홍보와 마케팅에 참여할 의지가 있는가?"

그러니 이 항목에는 다음과 같은 정보가 분명하게 드러나야 한다. 지금까지 써온 책이나 글, 혹은 강연·수업 등 지식과 경험을 증명할 출처. 이 책을 쓰게 된 동기나 계기(개인적인 체험, 문제의식 등). 신인이라면 글쓰기 경험이나 글에 대한 태도 및 끝까지 완성할 수 있다는 진정성 있는 다짐. 출판사는 단순히 '글을 잘 쓰는 사람'보다, '해당 주제를 책임지고 다룰 수 있는 사람'을 원한다.

- **유사/경쟁서**(성과/동향/강약점)

출판사가 가장 냉정하게 검토하는 항목이다. 출판사는 기존 유사 도서를 기준 삼아, 이 기획이 시장에서 경쟁력을 가질 수 있을지를 판단하기 때문이다. 단지 유사한 책이 있는지를 확인하는 차원이 아니라, 다음과 같은 질문에 제대로 답해야 한다.

"이 주제에 대해 최근 몇 년 사이 출간된 책은 어떤 것들이 있었는가?"
"그 책들이 어떤 성과를 냈는가? 독자 반응은 어땠는가?"
"성공한 책이 있다면, 그 이유는 무엇인가?"
"반대로 주목받지 못한 책은 무엇이며, 그 실패 원인은 무엇이라 분석되는가?"

유사 도서가 넘친다고 꼭 불리한 건 아니다. 레드 오션이라는 건 그만큼 유행을 타고 있다는 뜻이기도 하다. 중요한 건, 그 안에 어떤 경향이 있었고, 어떤 틈이 남아 있으며, 그 틈이 실제로 수요와 연결될 수 있는지를 분석하는 것이다.

- **예상 판매**

출판사는 출간 여부를 판단할 때, '이 책이 얼마나 팔릴 것인가'를 가늠해야 한다. 출판은 수익이 나야 지속 가능한 비즈니스다. 제아무리 훌륭한 기획이라도 제작비를 회수하지 못하면, 다음 책을 낼 여력이 흔들릴 수 있다. 그래서 기획서에는 '예상 판매량'이라는 칸이 꼭 존재한다. 단순한 숫자 같지만, 이 항목에는 출판사의 냉철한 사업적 판단이 응축돼 있다. 당장 5,000부를 팔 수 있을지, 10,000부 이상을 목표로 할 수 있을지. 아니면 초도 2,000부로만 제한해야 할지를 판단하는 기준이 된다.

이 부수는 감이 아니라, 최대한 합리적인 근거와 비교 사례를 통해 설정한다. 초도 인쇄 부수를 정하고, 마케팅 예산을 배정하고, 표지와 판형 등 제작비를 결정할 때 예상 판매치가 중요한 기준이 되기 때문이다. 예상 판매 부수가 어긋나면 출판사로서는 불필요한 지출이 발생하거나 자칫 판매 기회를 놓치는 결과로 이어질 수 있다. 부수를 지나치게 높게 잡으면, 판매 부진 시 재고 부담과 보관 비용이 늘어나고, 결국 폐기 비용까지 발생할 수 있다. 양장본이나 컬러 인쇄처럼 제작 단가가 높은 책일수록 손해 폭은 더 커진다. 반대로 지나치게 보수적으로 예측해 초판을 적게 찍었다가 조기 품절이 나면, 결국 인쇄 단가가 올라가 수익률이 떨어지고, 재판을 찍는 사이 판매 타이밍을 놓칠 위험도 생긴다.

이런 이유로 출판사는 예상 판매량을 판단할 때 이전 유사 도서의 판매 추이, 저자 인지도, 마케팅 가능성, 사회적 이슈 연계 가능성 등을 종합적으로 고려해 최대한 정밀하게 계산하려 한다. 때로는 변수에 따라 '최고 판매 시나리오'와 '최저

판매 시나리오'를 구분하기도 한다. 사정이 이러한데도 여기에 허무맹랑한 수치를 적는다면 기획 전체가 실없어 보일 수밖에 없다. 철저하게 리얼리스트가 되어야 한다.

• 예상 사양

출판사는 기획서를 검토할 때, 책이 어떤 물리적 형태로 만들어질지를 함께 고려한다. 판형, 쪽수, 제본 방식, 컬러 여부, 정가 등은 인쇄비와 제작비를 계산하고, 판매 전략을 세우는 데 필요한 기본 정보다. 이 항목은 책을 실제로 제작하고 유통하는 출판사의 고유한 판단 영역에 속하므로, 저자가 지나치게 고민할 필요는 없다. 다만 특별한 구상이나 요청 사항이 있다면 간단히 밝혀두는 정도면 충분하다.

• 특이사항(시장/저자/기타)

기획서는 기본적으로 정해진 틀 안에서 검토되지만, 모든 책이 그 틀에 꼭 들어맞는 것은 아니다. 시장에서 특별히 주목받을 만한 이유가 있거나, 저자에게 남다른 이력이나 콘텐츠 자산이 있거나, 출간 시점과 맞물린 외부 이슈가 있다면 이 항목에 구체적으로 기술한다. 예컨대 저자가 유튜브에서 관련 주제로 50만 구독자를 보유하고 있다거나, 해당 주제가 내년 선거와 긴밀하게 연관돼 있다는 정보는 출간 판단에 결정적인 영향을 줄 수 있다. 그러니 이 항목에서 그런 강점을 더욱 적극적으로 어필하는 것이 바람직하다.

- **마케팅 포인트**(광고/프로모션 등)

출판사는 항상 책을 어떻게 알릴 수 있을지, 즉 어떤 지점에서 마케팅이 잘 먹힐지를 절박하게 살핀다. 이 항목은 그 마케팅의 실마리를 찾아내는 결정적인 지점이다. 책의 강점을 단순히 나열하는 것이 아니라, 무엇을 홍보 소재로 삼을 수 있을지, 어떤 방식으로 노출할 때 반응을 끌어낼 수 있을지를 구체적으로 고민해 작성한다.

예컨대 대학 교재로 기획한 책이라면 각 대학의 관련 수업을 담당하는 교수들을 공략해야 할 것이다. 클래식 음악에 관한 책이라면 클래식 전문 라디오, 유튜브 리뷰어, 공연장 기념품 가게, 음악 애호가 커뮤니티 등에서의 노출이 효과적일 수 있다. 저자의 연주 영상이나 강의 클립이 있다면, 짧게 편집해 SNS에 배포하는 방식도 좋은 반응을 끌어낼 수 있다.

마케팅 기획은 출판사의 전문 영역이다. 저자가 그 방법까지 세세히 알 필요는 없다. 다만 어떤 지점이 대중의 관심을 끌 만한지, 이 책만의 무기가 무엇일지를 출판사와 적극적으로 공유하고 논의하자. 저자가 던진 작은 아이디어 하나가, 출판사의 마케팅 전략 전체를 바꿔놓는 계기가 되기도 한다.

- **핵심 콘셉트**

이 항목은 기획 전체를 관통하는 중심 아이디어, 즉 '이 책은 무엇을 말하고자 하는가'를 한눈에 보여주는 자리다. 독자에게 어떤 가치를 줄 수 있는 책인지, 어떤 문제의식에서 출발했으며 어떤 해법을 제시하는지를 명료하게 서술해야 한다. '이 책이 왜 필요한가?'라는 질문에 대한 가장 압축된 대답이기도 하다. 아무리 분량이 많고 구성안이 자세하더라도, 콘셉트가 흐릿하면 책의 방향성과 정체성이 약해 보인다. 핵심 콘셉트가 분명할수록 출판사 내부 회의에 기획서를 제출할 때 힘이 생긴다. 문장으로 표현하든, 표어처럼 정리하든 상관없다. 다만 막연하거나 추상적인 언어보다는, 이 책만이 줄 수 있는 차별화된 관점을 뚜렷하게 담아내는 것이 중요하다.

- **구성안**(주요 차례)

기획의 완성도를 좌우하는 핵심 항목이다. 책의 뼈대이자 설계도인 목차(구성안)는, 저자가 주제를 얼마나 깊이 이해하고 있는지, 어떤 방식으로 전개할지, 독자에게 어떤 흐름으로 제공할지를 한눈에 보여준다. 아무리 기획 의도가 좋아도 구성안이 허술하면 신뢰를 얻기 어렵다. 따라서 단순히 장 제목만 나열하기보다는 각 장에서 다루는 핵심 내용을 간결하게 요약하는 것이 좋다. 전체 예상 분량이 있다면 각 장이 차지하는 비중도 대략적으로 제시하는 게 바람직하다. 완성된 원고가 없더라도, 이 목차만으로 저자의 역량과 기획의 완성도가 고스란히 드러난다.

• **차별화 요소**

출판사는 늘 묻는다. '비슷한 책이 이미 있다면, 굳이 이 책을 새로 내야 할 이유는 무엇인가?' 바로 이 질문에 답하는 자리다. 단순히 '다르다'고 말하는 것으로는 부족하다. 무엇이 어떻게, 그리고 왜 더 나은지를 구체적으로 설명해야 하며, 나아가 이 차별성이 독자의 구매로 이어질 수 있음을 증명할 수 있어야 한다.

차별화는 내용의 깊이나 문체의 톤, 대상 독자의 범위, 혹은 형식적인 구성 방식에서 비롯될 수 있다. 기존 책들이 학술적이고 난해했다면, 더 쉽고 명쾌하게 설명할 수 있다는 점이 책의 강점이 된다. 또, 기존 책들이 피상적인 정보만 나열했다면, 풍부한 사례와 깊이 있는 분석은 독자의 궁금증을 근본적으로 해결해준다는 점에서 차별화될 수 있는 강점이다. 또 어떤 경우엔 저자의 독특한 배경이 곧 차별성이다. 예컨대 기존 클래식 음악감상 책의 저자가 애호가 일색이라면, 프로 연주자가 쓴 책은 '내부자의 시선'이라는 신선함을 줄 수 있다.

차별화가 꼭 거창하거나 혁신적일 필요는 없다. 기존 책과의 미세한 차이일지라도, 그 차이가 독자의 선택에 어떤 영향을 줄지를 구체적으로 고민하고 짚어주는 것이 중요하다.

• 주요 카피

책의 '운명을 좌우할 수 있는 문장'이 다뤄지는 항목이다. 서점 웹사이트, 광고 문구, SNS 콘텐츠, 책 띠지, 출간 보도자료… 어떤 홍보든 결국은 한두 줄짜리 카피로 시작한다. 좋은 카피는 단순히 '멋진 문장'이 아니다. 이 책이 무엇을 말하는지, 누구를 향한 것인지, 왜 지금 읽어야 하는지를 담은 압축적 메시지다. 유사한 책들과의 차별성, 저자의 목소리, 독자의 욕망이 한데 만나는 지점을 찾아야 한다.

자! 이제 출판기획서 각 항목의 의미와 출판사의 의도를 알겠는가? 출판사에 투고할 때 직접 작성한 출판기획서를 첨부한다면 긍정적 답장이 올 확률이 높아진다. 편집자는 단행본 기획하느라 원고 편집하느라 회의 참석하느라 늘 바쁘다. 거기다 투고 원고 검토까지 한다면? 언제 그 많은 투고 원고를 일일이 읽어볼 시간이 있겠는가. 그러니 명확하고 감각 있는 출판기획서를 첨부해 투고하면 편집자는 아무래도 눈여겨보게 된다.

'이 사람 센스 있는데? 내가 해야 할 일을 덜어주니 고맙네. 이렇게 준비성 넘치고 사려 깊은 투고는 오랜만이네. 같이 일하기 편하겠어.'

또 하나 알아야 할 것! 투고할 때 완성된 원고를 보내는 것보다, 출판기획서와 샘플 원고를 함께 제출하는 방식이 훨씬 유리하다. 많은 이들이 원고를 다 써야 출판사가 진지하게 검토할 걸로 예상하지만, 현실은 그 반대에 가깝다. 출판사는 책의 '기획 단계'에서 출간 여부를 판단한다. 편집자는 처음부터 끝까지 원고를 정독하기보다는, 책의 콘셉트, 구성, 예상 독자층, 시장 포지셔닝을 중심으로 빠르게 판단한다. 그러니 출판기획서와 샘플 원고 이렇게 두 가지를 함께 제출하면, 출판사는 기획의 시장성과 저자의 글솜씨 모두를 수월하게 확인할 수 있다.

반대로 완성 원고만 보낼 경우, 출판사로서는 운신의 폭이 줄어든다. '이미 다 썼네. 수정 작업이 만만치 않겠는데? 우리랑 방향성도 좀 다른 것 같고….' 이런 경우처럼 원고 쓰느라 품만 들이고 채택되지 않는 경우가 허다하다.

프로 작가도 '묻지마 투고'하고 내상 입는다

2020년 5월 23일. 결혼기념일이라 아이들을 데리고 미술관 자작나무숲을 방문했다. 숲속에 아기자기한 미술관이 있으니 동화 속 공간 같았다. 해맑게 뛰노는 모습이 기특했는지, 미술관 관계자 분이 아이들에게 생각지도 못한 선물을 주었다. 무려 '네잎클로버!' 그 일이 있고 며칠 후, 정확히는 5월 28일 그동안 꽉 막혔던 변비가 뻥 뚫렸다. 수오서재 출판사로부터 연락을 받고 와인 책 출간 계약을 맺게 된 것이다. 네잎클로버의 영험함 덕분인가? 이러니 오컬티즘이 명맥을 유지할 수밖에.

이미 수많은 책을 출간한 작가가 추가로 한 권 계약했다고 웬 호들갑이냐고? 변비가 지독했다면 해소의 순간은 얼마나 후련했겠는가. 호들갑을 떨 수밖에 없었던 답답한 속사정을 지금부터 풀어놓겠다.

2019년 12월 6일에 오마이뉴스에 『임승수의 슬기로운 와인생활』이라는 연재 제목으로 첫 글을 게재했다. 당시 코로나 유행으로 집에서 혼술 하는 분위기였는데, 혼술 주종으로 와인의 인기가 급상승했다. 제대로 시류 편승을 해서인지 글을 올릴 때마다 주요 기사로 배치되고 와인 애호가들 사이에 제법 회자되었다.

반응도 좋고 연재 글이 제법 쌓였으니 슬슬 단행본 출간 계약을 맺어야 하지 않겠는가. 솔직히 출판사에서 먼저 제안이 올 줄 알았다. 언론사 연재 글은 출판사들이 특히 눈여겨보기 때문이다. 그런데 정말로 메일 한 통이 안 왔다. 내가 와인 전문가가 아니어서 그런가? 와인은 책 소재로 그다지 매력이 없나?

이미 함께 책을 만든 출판사에 제안하면 되지 않느냐고? 나는 인문·사회과학 분야 작가로 활동한다. 그동안 출판사들과 그 분야에서만 책을 냈다. 나는 와인 전문가가 아닌 데다가 와인은 책 판매가 활발한 분야도 아니다. 사정이 이러한데도 기존에 인연을 맺은 출판사에 덜컥 와인 책 출간을 제안하면, 그쪽에서 부담 느끼지 않겠나. 아예 모르는 사람이면 거절하기 쉬울 텐데 좋은 관계를 맺고 있는 작가라 이래저래 심란할 것이다. 설사 그렇게 와인 책을 낸다 한들, 나로서는 상대에게 신세 졌다는 기분을 피하기 어렵다. 아! 정말 신세 지는 건 별로야. 원원이 좋아. 솔직히, 내가 와인 글 연재하는 걸 알 텐데. 관심이 있다면 진작 연락했겠지.

그리하여 무작위로 투고해 관심을 보이는 출판사와 계약하기로 마음먹었다. 부담 없이 비즈니스 관계로 작업할 수 있으니 얼마나 맘 편한가. 2020년 2월 17일에 규모 있고 묵직한 출판사 다섯 곳에다가 메일을 보냈다. 인문·사회과학 분야의 책을 여러 권 쓴 작가라고 소개하고, 오마이뉴스에 연재 중인 와인 글의 단행본 출간 가능 여부를 문의했다. 출판사가 궁금할 만한 내용을 군더더기 없이 깔끔하게 작성했다. 검토에 시간이 걸릴 테니 한 달 정도 기다렸지만 아무도 관심을 보이지 않았다.

3월 16일에 추가로 다섯 곳에 투고했다. 역시 한 달 정도 기다렸지만, 연락이 없다. 에잇, 5월 8일에 다섯 곳, 5월 17일에 다섯 곳 보냈건만 역시 아무런 연락이 없다. 아! 실수. 연락은 있었다. 이런 연락 말이다.

안녕하세요, ○○○○○입니다.

저희 출판사에 관심을 가져주시고, 옥고를 투고해주셔서 진심으로 감사드립니다. 보내주신 관심과 성원에 어긋나지 않도록 최선을 다할 것을 약속드립니다.

출간을 제안해주신 원고와 관련해 답변 드리고자 메일을 드립니다.

보내주신 내용은 편집팀 전원이 검토하고, 내부 기획회의에서 출간 여부를 논의하였습니다.

그 결과, 아쉽게도 본 원고는 저희 출판사의 색깔이나 방향과는 맞지 않아 출간이 어렵다는 답변을 드리게 되었습니다.

출간을 반려하게 되어 유감이고, 인연으로 이어지지 못한 점 저희도 아쉽지만 다음 번에 더 좋은 기회로 만나 뵙게 되기를 진심으로 바랍니다.

늘 건강하시고, 건필하십시오.
감사합니다.

○○○○○ 드림

일부러 답장을 보내준 건 고마울 따름이지만, 툭 까놓고 얘기해 복붙(복사하여 붙이기)의 향기가 물씬 풍기지 않는가. 하루가 멀다고 투고 메일이 끊이지 않을 테니 이해는 간다만, 문제는 답장이 오는 족족 이런 메일이라는 데 있었다. 단 한 곳만 오케이 하면 되는데…. 내 글이 그렇게 구린가? 실의에 빠져 축 늘어져 있다가 문득 2013년 7월에 『엉터리 사학자 가짜 고대사』의 저자 김상태 작가를 만나 들었던 죽비 같은 이야기가 떠올랐다.

"냉정하게 출판사에 열 군데 백 군데 돌려야 합니다. 그리고 출판사한테 모욕받는 겁니다. 기꺼이요. 그리고 또 쓰는 거죠. 하하하. 이게 자신감이죠. 솔직히 모욕받는 게 당연합니다. 모욕받는 것은 대중이 일상을 살아나가는 방법이에요. 바람이 불면 풀이 눕듯 대중은 눕는 거죠. 성숙한 대중은 모욕받는 것에 능란합니다. 회사 가면 모욕당하잖아요. 그러면서도 일 잘하거든요. 스트레스는 좀 받지만요. 자신감이란 건 뭐냐면 '모욕할 테면 해라'라는 자세예요. 이런 태도가 생기는 것을 지배자들은 제일 무서워해요. 모욕하는데 기가 안 죽거든요. 황석영 같은 대가가 원고를 쓰면 다들 빌면서 원고를 달라고 하겠죠. 대중이 원고를 쓰면 누가 예뻐하겠어요? 목표를 정확하게 설정하고, 자신의 역량을 명확하게 판단하고,

완성하고, 그다음 책으로 안 나오면 그냥 원고를 베개로 베고 자는 겁니다. 기꺼이 모욕당하고, 모욕당하는 것을 즐겨야죠. 출판사에 보낼 때 이메일로 보내는 데 돈도 안 들잖아요? 막 보내요. 그래도 끝까지 연락이 안 오면, 뭐 딴 거 쓰는 거죠. 하하하. 이 자신감이 있어야 해요. 깡다구 말이에요. 뭐 안 되면 그만이잖아요."

그래. 초심으로 돌아가야지! 고작 메일 스무 개 보내놓고 주눅 들어서야 쓰겠나. 기어를 끌어 올렸다. 네잎클로버를 받고 이틀이 지난 5월 25일부터 '모욕할 테면 해라' 모드로 전환해 컴퓨터 앞에 앉아 한 번에 출판사 수십 군데에 메일을 보냈다. 그리고 드디어 입질이 왔다! 그때 받았던 메일을 여전히 보관하고 있다.

안녕하세요, 임승수 작가님.
어제 통화했던 수오서재 편집자 ○○○입니다.

선생님 말씀처럼,
와인에 입문하면서 편안하게 읽을 수 있는 책을 만들면
많은 사람들에게 도움이 될 거라는 생각입니다.
저에게도 필요한 책이라, 만들면서

홀짝홀짝 마시며 많이 배우도록 하겠습니다.

다시 한번, 저희에게 기회를 주셔서 진심으로 감사드립니다.

한 권 한 권 마음을 다해 책을 만들고
선생님의 열정에 따라가진 못할 수 있지만^^;;
성실하게 책을 알리도록 하겠습니다.

저희가 사용하는 계약서 양식 보내드립니다.
살펴보시고 수정하고 싶은 부분 보이시면 말씀 부탁드립니다.

감사합니다, 오늘도 좋은 하루 보내세요.

수오서재 ○○○ 드림

수오서재 출판사는 내 글만 검토하고선 계약을 결정했단다. 내가 와인 전문가인지, 해당 분야의 책 판매는 원활한지, 굳이 따지지 않은 것이다. 이 얼마나 고마운 일인가. 나중에 알게 됐는데 담당 편집자가 상당한 애주가였다. 작가와 편집자가 애주심으로 대동단결해서 그런지 출간 후 와인 분야 베스트 1위에 오르며 예상을 훌쩍 뛰어넘는 사랑을 받았다. 제목이 뭐냐고? 『와인에 몹시 진심입니다만,』이다.

흥미롭게도, 수오서재 출판사와 통화하고 메일을 주고받은 후 몇몇 출판사에서 추가로 계약 제안 메일이 왔다. 그렇게 거절 메일만 왔는데 상전벽해구나. 네잎클로버의 영험함이라니! 감사하기도 하고 미안하기도 해서 일일이 통화하고 이렇게 답장을 보냈다.

친절하고 빠른 검토 및 관심에 감사드립니다.
부족한 구석이 많은 연재 글인데 긍정적으로 검토해주시니 감사합니다.

사실 지푸라기라도 잡는 심정으로 여러 곳에 투고하면서도 계약이 쉽지 않을 것으로 생각했습니다. 제가 주로 인문 사회 분야의 책을 쓰는데 그런 경력을 고려하면 좀 뜬금없는 분야이기도 하고, 와인이 그렇게 책 판매가 활발한 분야도 아니니까요.

그래도 애정을 갖고 연재한 글이니 기왕이면 단행본으로 나왔으면 좋겠다는 생각에 열심히 투고했습니다. 거절 메일도 많이 받았지만 다행히 관심을 가지는 곳이 있어서 수오서재 출판사와 계약하게 되었습니다. 긍정적인 답장을 주셨는데 먼저 연락된 곳과 계약 얘기까지 일사천리로 진행되어 아쉬운 마음입니다.

지금까지처럼 앞으로도 좋은 책 출간 부탁드리며 다른 좋은 기회로 인사드릴 수 있기를 진심으로 기원합니다. 다시 한번 감사드립니다.

원고에 호감을 가지고 일부러 연락까지 한 소중한 분들 아닌가. 설사 인연이 여기서 끝나더라도 고마운 마음 하나는 꼭 전하고 싶었다. 업계 사람에게 좋은 이미지를 남기고 싶다는 계산적 의도도 반 스푼 정도는 들어 있고. 흐흐.

추신.
고마움을 전했던 출판사 중 한 곳과는,
이후 다른 아이템으로 계약을 체결해 함께 단행본을 작업하게 되었다.
역시, 사람 일은 모른다.

출판 계약서에는 무엇이 담겨 있을까

 출판사와 처음으로 계약을 추진하게 되면, 하나부터 열까지 궁금한 것투성이다. 나 역시 법률 전문가는 아니라서 계약서의 세세한 조항까지 모두 꿰고 있는 건 아니다. 다만 여러 출판사와 계약을 맺고 책을 내다 보니, 예비 작가들에게 실질적인 도움이 될 만한 정보 몇 가지는 건져낼 수 있을 듯하다.
 출판 계약이란, 저자가 자신의 글을 일정 기간 동안 출판사에 출판할 수 있도록 허락하고, 그 대가로 인세를 받는 약속이다. 그래서 계약서상으로는 저자가 갑, 출판사가 을이다. 하지만 실제 힘의 관계는 그 반대인 경우가 대부분이다. 출판사가 책의 기획, 제작, 유통, 홍보를 쥐고 있으니, 초짜 저자

일수록 계약서에 이름을 올리면서도 스스로를 을처럼 느끼게 마련이다.

이 글에서는, 계약서를 처음 받아 드는 '을'들이 미리 알아두면 좋을 내용을 정리해본다. 법률적으로 꼬치꼬치 따지기보다, 출판사와 계약을 체결하며 자연스럽게 체득한 것들 가운데 꼭 필요한 정보 위주로 간추렸다.

계약서는 어느 시점에 쓸까?

답부터 얘기하자면, 출판사가 계약하고 싶은 시점에 한다. 정해진 규칙은 없다. 어떤 경우는 A4 용지 한두 장짜리 기획서만으로 계약이 체결되기도 하고, 심지어는 "일단 계약부터 하고 뭘 쓸지는 천천히 생각하자"는 프러포즈 같은 제안이 들어올 때도 있다. 반면 전체 원고를 다 넘기고, 미팅도 몇 차례 했지만 끝내 계약 얘기는 흐지부지되기도 한다.

예비 저자는 계약을 체결해야 마음이 놓이겠지만, 출판사 입장에서는 사정이 복잡하다. 책 한 권을 내기 위해서는 기획, 편집, 제작, 유통, 판매까지 적지 않은 비용과 인력이 들어간다. 당연히 '계약'은 그만큼 신중할 수밖에 없다. A4 한두 장짜리 기획서만으로 바로 계약서를 쓰거나, "일단 계약부터 하자"는 식으로 움직이는 경우가 오히려 드물다.

출판사의 규모도 변수로 작용한다. 대형 출판사일수록 계약까지 시간이 더 걸리는 편이다. 편집자가 원고를 마음에 들어 해도, 내부에서 여러 단계를 거쳐야 출간이 확정되는 구조이기 때문이다. 그러하다 보니 저자는 여러 차례 미팅을 하고도 계약이 흐지부지되는 상황을 겪을 수 있다. 반면 중소 출판사는 조직 규모가 작은 만큼 의사결정이 훨씬 빠르다. 한두 차례 기획 논의만으로 바로 계약이 성사되기도 한다. 출판사 대표가 직접 투고를 확인해 바로 연락이 오는 경우도 잦다.

계약 관계에서 주도권은 대체로 출판사 쪽에 있지만, 예비 저자가 망부석처럼 기다릴 수만은 없다. 계약 가능 여부와 그 시기를, 독촉이 아니라 확인의 차원에서 정중하게 물어보는 건 얼마든지 할 수 있다. 그 정도의 소통에도 불편해하는 출판사라면, 애초에 함께 책을 만들어가기 어려운 곳일 가능성이 크다. 그런 곳은 미련 없이 거르자.

인세는 얼마이며 언제 받을까?

출판 계약서를 처음 마주한 예비 저자들이 가장 궁금해하는 건 단연 인세다. '책이 팔리면 나에게는 얼마나 들어올까?', '출간만 하면 당장 인세가 꽂히는 걸까?' 같은 현실적인 질문이 머릿속을 맴돈다. 하나씩 차근차근 살펴보자.

인세율은 대체로 성인 단행본은 정가의 10% 내외, 청소년 단행본은 7% 내외, 어린이 단행본은 5% 내외다. 청소년과 어린이 단행본 인세율이 다소 낮은 이유는 일러스트와 그림이 많이 들어가 제작비가 상승하기 때문이다. 신인 저자는 1~2% 정도 낮은 계약 조건을 제시받기도 한다. 아직 시장에서 검증되지 않은 만큼 출판사로서는 위험 부담이 있다고 보기 때문이다. 이런 경우 판매 부수가 일정 수준을 초과하면 그때부터는 경력 저자들의 인세율을 반영해달라고 요구하는 것도 방법이다.

이제 인세 지급 방식을 알아보자. 계약을 체결하면 계약금을 받는데, 이게 선인세다. 의외로 이 사실을 잘 모른다. 계약금 받고 인세는 또 따로 받는다고 착각한다. 선인세는 말 그대로 앞당겨 받는 인세다. 계약금 100만 원을 받았으면, 책이 팔려서 누적 인세가 100만 원을 넘기 전까지는 추가로 정산되지 않는다.

추가 인세가 정산되는 방식은 출판사마다 제각각이다. 몇 가지 사례를 보여주겠다.

A출판사 계약서
인세 및 원고료 지급 시기와 방법은 초판 1쇄는 발행일로부터

1개월 이내에 지급하며, 2쇄 인세는 3쇄 발행 후 1개월 이내에, 3쇄 인세는 4쇄 발행 후 1개월 이내에 판매부수로 지급한다. (다만 초판 1쇄에서는 홍보 및 기증용으로 사용할 300부에 대해 인세를 면제한다. 그리고 절판되었을 경우에 최종 쇄의 인세는 최종 쇄 발행일로부터 1년이 경과한 후에 그날 기준으로 반품 및 재고 부수를 공제한 순판매 부수에 한해 정산 지급한다.)

이런 내용이 낯선 사람은 정확히 무슨 말인지 감이 잘 안 잡힐 수 있다. 구체적인 사례로 풀어보겠다.

가령 정가 15,000원짜리 책을 초판 1쇄 2,000부 인쇄해서 3월 1일에 발행했다고 하자. 인세율은 10%이니, 책 한 권당 1,500원이 저자의 몫이다. 계약 당시 선인세로 100만 원을 미리 받았으며, 계약서에는 초판 1쇄 인세는 발행일로부터 1개월 이내에 지급한다고 명시되어 있다. 그런데 이 출판사는 초판 1쇄 중 홍보 및 기증용 300부에 대해서는 인세를 지급하지 않기 때문에, 실제 인세는 1,700부 × 1,500원 = 255만 원이다. 여기서 이미 받은 선인세 100만 원을 차감하고, 155만 원을 한 달 안에 지급받게 된다.

책 반응이 좋아 4월 3일에 2쇄 1,000부를 추가로 인쇄했다. 그렇다고 2쇄 인세를 곧장 받는 건 아니다. 계약서에 2쇄 인세는 3쇄가 발행된 뒤 1개월 이내에 지급한다고 되어 있기 때문이다. 1쇄는 찍고 나서 바로 주더니, 2쇄부터는 왜 바로 안 주는 걸까? 서점에 책을 출고하고 실제로 출판사로 대금이 들어오는 데는 시차가 있다. 2쇄 1,000부를 찍었다고 해도, 막말로 그 책들이 다 팔리고 책값이 입금되어야 저자 인세도 확보될 것 아니겠는가. 말하자면, 수금이 완료되었을 때 저자에게 몫을 돌려주겠다는 구조다. 3쇄 찍으면 2쇄 인세 지급. 4쇄 찍으면 3쇄 인세 지급. 이른바 N-1쇄 인세 지급 방식이라 한다.

B출판사 계약서

1. 을(출판사)은 갑(저자)에 대하여 책 정가의 일정 비율을 인세로 정하고, 이에 해당하는 금액에 실판매부수(판매부수-반품부수)를 곱한 금액을 저작권 사용료로 지불한다. 단, 초판의 경우에는 발행 부수를 기준으로 지불한다.

2. (생략)

3. 저작권 사용료의 지급 방법 및 시기는 다음과 같이 정한다.

가. 계약금: 100만 원을 이 계약 체결일로부터 30일 이내에 지급(단, 이 계약금은 향후 발생할 저작권 사용료의 선급금이며, 초판 및 그 이후의 저작권 사용료 지급시 최우선적으로 공제한다.)

나. 초판의 저작권 사용료: 출간일 익월 20일에 지급

다. 재쇄 이후의 저작권 사용료: 매3개월(1년을 4분기로 나눈 분기별)마다 정산하여 익월 20일에 지급

4. 을이 납본, 증정, 신간안내, 광고, 홍보용으로 배포하는 책자에 한해서 갑은 저작권 사용료를 면제한다. 이때 면제부수는 초판 1쇄의 경우 400부로 한다.

내용이 복잡하니 예를 들어보자. 정가 15,000원짜리 책을 초판 1쇄 3,000부 찍어 3월 1일에 발행했다면, 홍보용 400부를 제외한 2,600부에 대한 인세가 익월 20일, 그러니까 4월 20일에 지급된다. 물론 이때는 선인세 100만 원을 공제한 금액이 지급된다.

여기까지는 A출판사와 비슷하지만, 2쇄부터는 정산 방식이 완전히 다르다. B출판사는 1년을 4분기로 나누어 3개월 단위로 실판매 부수에 대한 인세를 정산한다. 예를 들어 1월 1일부터 3월 31일까지 1,000부가 팔리고, 100부가 반품되었다면 실판매 900부에 대한 인세가 4월 20일에 지급된다. 이처럼 매년 1월, 4월, 7월, 10월에 인세를 정산하는 구조다.

A출판사처럼 '다음 쇄가 발행돼야 인세를 주는 방식'과 달리, B출판사는 판매가 발생하면 일정 주기마다 정산해주는

구조라서, 저자 입장에선 더 합리적으로 느껴질 수 있다. 정산 주기가 6개월인 경우도 있고, 간혹 연 1회만 정산하기도 한다.

C출판사 계약서

① "을(출판사)"은 출판권 설정의 대가(저작권료)로, 위 저작물의 정가의 10%(인세율)에 해당하는 금액에 발행부수를 곱한 금액을 "갑(저자)"에게 지급한다. 이때 제세를 공제하고 지급한다.

② 제1항에 따른 출판권 설정 대가의 지급 시기는 매쇄 발행 후 익월 말일로 한다.

③ (생략)

④ "갑"은 납본·증정·신간안내·서평·홍보 등을 위하여 제공되는 부수와, 유통 과정에서 반품·파손·멸실되거나 기타 불가피한 사유로 폐기 처분되는 부수에 대하여는 출판권 설정 대가를 면제한다. 다만 그 부수는 매쇄당 10%를 초과할 수 없다.

⑤ 제4항의 규정에 따라 "갑"은 "을"에게 초판 1쇄의 경우 발행부수의 10%, 이후 중쇄의 경우 발행부수의 5%에 해당하는 여분 제작을 허락하기로 한다.

C출판사 계약서를 읽고 신선한 충격을 받았다. 처음엔 잘

못 읽은 줄 알았다. 요컨대 2쇄를 1,000부 찍으면 실제 판매 여부와 관계없이 그다음 달 말에 1,000부에 대한 인세를 지급하겠다는 내용이다. 3쇄 찍어야 2쇄 인세를 주는 N-1쇄 정산 방식과도 다르고, 분기마다 실판매량 기준으로 정산하는 방식과도 다르다. '팔리든 말든, 인쇄했으면 인세 지급하겠다'는 태도에 가깝다. 저자로서는 이런 정산 구조가 반가울 수밖에 없다. 인쇄하면 묻지도 따지지도 않고 바로 지급하니까. 다만 극히 이례적이고 드문 방식이라는 점을 염두에 두기를 바란다.

  저자 입장에선 셋 중에 실판매 기준으로 분기마다 정산받는 B출판사 방식이 가장 합리적으로 느껴질 수 있다. 그렇다고 A출판사에게 B출판사 방식으로 계약하자고 요구하는 건 바람직하지 않다. B출판사 방식으로 정산하는 건 소규모 출판사 입장에서는 부담이 크다. 판매와 반품 데이터를 정확히 집계하려면 회계 시스템과 인력이 뒷받침돼야 하기 때문이다. 그래서 대다수 소규모 출판사는 N-1쇄 정산 방식을 채택한다. 사정이 이러하니 출판사의 제안이 상식에 어긋나지 않는다면 존중해주는 편이 좋다. 특정 저자만을 위해 별도 정산 방식을 운영하기는 사실상 어렵기 때문이다.

저자는 자기 책을 공짜로 받나?

초판 1쇄를 발행하면 출판사는 계약서에 명시된 대로 10권 내지 20권을 저자에게 증정한다. 그 외에 책이 더 필요하면 저자는 계약 내용에 따라 정가의 60~70% 가격으로 출판사에서 구매할 수 있는 권리를 가진다. 책을 그냥 달라고 막무가내로 졸라대는 저자 지인들은 이 사실을 알 필요가 있다. 증쇄 발행 시 쇄당 2부씩 저자에게 제공한다는 내용이 계약서에 들어가기도 한다.

그래서, 어떤 출판사와 계약해야 하는가?

큰 출판사와 중소 출판사로부터 동시에 계약 제안을 받았다면, 어디를 선택하는 게 좋을까? 같은 조건이라면 큰 출판사를 택하는 것이 합리적인 선택처럼 보일 수 있다. 인세 정산도 체계적이고, 홍보력과 영업력도 뛰어나니 말이다. 하지만 그보다 더 먼저 따져봐야 할 것이 있다. 바로 출판사, 더 구체적으로는 편집자가 당신의 원고에 보여주는 애정과 관심의 정도다.

큰 출판사는 매달 수십 권의 책을 내기 때문에, 출간 이후 마케팅이나 홍보 지원이 집중되는 책은 일부에 불과하다. 아무리 훌륭한 책이라도 조용히 묻히는 경우가 드물지 않다. 반면 중소 출판사는 조직 규모나 자금력은 부족할지 몰라도, 출간하는 책 하나하나에 빠짐없이 역량을 집중한다. 그래야 살아남을 수 있기 때문이다. 당신의 원고에 대한 기대가 높다면 사운을 걸고 올인할 수도 있다. 때로는 그것이 책의 운명을 바꿔놓기도 한다.

규모만 보고 판단하지 말자. 작지만 탄탄한 기획력으로 양서를 꾸준히 내는 출판사도 많다. 출판사의 출간 목록을 찬찬히 살펴보면 생각보다 출판사 선택에 큰 도움이 될 수 있다.

끝으로 저자에게 가장 부담이 되는 항목을 살짝 언급하고자 한다. 계약서에 명시할 원고 마감 시기다. 계약서에는 일반적으로 특정일까지 완전한 원고를 출판사에 인도해야 한다고 명시한다. 신중하게 잘 쓰시라. 나중에 엄청난 부담으로 다가온다. 조금 늦는다고 출판사에서 야박하게 계약 위반이라며 몰아붙이지는 않겠지만, 생각보다 시간은 빨리 흐른다.

책 제목을 지을 땐
예수의 제자가 돼야 한다

좋은 제목이란? 챗지피티에게 물어봤다. 무슨 책인지 한눈에 알게 하고, 감정을 흔들고, 말맛이 살아 있고, 머릿속을 치고 들어오는 '낯선 익숙함'이 있는 제목이란다. 공허하고 허망한 답이다. 기의에 닿지 못한 채 미끄러져 자빠지는 기표 덩어리랄까. 진정 중요한 것은 따로 있는데 말이다. 최고의 제목이 무엇인지 엿볼 수 있는 성경 구절 일부를 옮긴다.

예수께서 갈릴리 바닷가를 걸어가시다가, 두 형제, 베드로라는 시몬과 그와 형제간인 안드레가 그물을 던지고 있는 것을 보셨다. 그들은 어부였다. 예수께서 그들에게 말씀하셨다. "나를 따라

오너라. 나는 너희를 사람을 낚는 어부로 삼겠다." 그들은 곧 그
물을 버리고 예수를 따라갔다.
　－『마태복음』 4장 18~20절, 새번역

　사람 낚는 제목. 책을 사게 만드는 제목. 이것이야말로 궁
극의 제목이다. 어떤 편집자는 '많이 팔린 책의 제목'이 좋은
제목이라고, 노골적으로 말하기도 한다. 출판계에서 오래 굴
러먹다 보니, 그 말이 참으로 명언이라는 생각이 든다. 그동
안 수많은 책을 쓰며 여러 출판사와 협업했는데, 제목을 정할
때만큼 출판사가 진지해지는 순간은 본 적 없다. 제목 하나에
따라 도서 매출이 크게 좌우되기 때문이다. 책이 팔려야 편집
자, 디자이너, 마케터, 인쇄공, 저자 모두가 먹고산다. 책 제목
은, 하느님이다.
　첫 책 『차베스, 미국과 맞짱뜨다』를 작업할 때 내가 염두에
두었던 제목은 『우고 차베스와 21세기 사회주의』였다. 될 책
도 말아먹을 무시무시한 제목 아닌가. 애국지사처럼 결연한
표정으로 이 제목을 꺼내는 나를 보며, 출판사 편집자는 얼마
나 당황했을까. 그 제목으로 출간해도 의외로 잘 나갔을 수
있지 않냐고? 잘 나갈 수 없다, 절대!
　『차베스, 미국과 맞짱뜨다』는 2006년 12월에 출간됐다. 베

네수엘라 차베스 대통령 관련 첫 국내 도서가 되고 싶었지만, 석 달 전인 9월에 『민중의 호민관 차베스』라는 번역서가 출간되면서 선수를 빼앗겼다. 그래도 국내 저자가 쓴 도서는 아니라고 자위하며, 외국인 저자의 경쟁도서가 얼마나 팔리는지 면밀하게 살펴보았다. 안타깝게도 반응이 좋지 않았다. 지구 반대편 베네수엘라 얘기로는 대한민국 출판 시장에서 씨알도 안 먹힌다는 말인가.

『민중의 호민관 차베스』가 세례 요한이 되어 길을 닦고, 내 책이 예수처럼 강림해 복음을 전파할 거라는 아전인수격 전망은, 세례 요한이 받은 성적표 앞에서 속절없이 무너졌다. 돌이켜보니 출판사에서 제목에 힘을 줘야겠다고 판단한 것도 이런 사정과 연관이 있지 않았나 싶다.

출판사에서 제안한 제목은 『차베스, 미제와 맞짱뜨다』였다. 아니, '미제'라니? 'Made in USA'가 아니라, '미제의 각을 뜨자'에서 나오는 바로 그 '미국 제국주의'다. 세례 요한이 거꾸러지는 모습에 충격을 받은 출판사의 조바심이 드러난다. 제작비라도 건져야 할 텐데, '미제' 표현에 공감하는 '집토끼(운동권)'라도 공략하자는 의도가 확연하다.

나도 미국의 제국주의적 행태에 매우 비판적인 사람이지만, 제목에 '미제'를 넣는 건 좌경맹동주의라고 보았다. '미제'를 '미국'으로 교체하자고 건의했다. 다행히 출판사도 동의해 『차베스, 미국과 맞짱뜨다』라는 제목이 탄생했다. 뭐 대부분은 출판사가 지었고, 나는 '미제'만 '미국'으로 교체했을 뿐이지만.

공교롭게도, 때는 12월. 예수님이 '제대로' 오셨다. 교보문고 광화문점 베스트셀러 진열대에 책이 고이 놓이고, 한겨레신문과 경향신문에서 큼지막한 사진과 함께 저자 인터뷰가 기사로 실렸다. 그때 알았다. 내 얼굴은 실물도 변변치 않지만 사진은 한층 가관이라는 것을. 『민중의 호민관 차베스』와 『차베스, 미국과 맞짱뜨다』가 출간 초기부터 반응이 극명하게 갈린 가장 큰 이유는? 그렇다. 제목 때문이다. 첫 책부터 확실하게 깨달았다. 책 제목은, '하느님'이다.

그때부터 달라졌다. 나도 예수의 제자에 합류했다. 사람 낚는 어부. 이번에는 신탁神託까지 받았다. 계시를 받은 곳은 서울 금천구 시흥동 은행나무사거리 인근 까치만화방(지금은 폐업)이었다. 신탁의 매개체는 만화책 『폭두고딩 타나카』. 썰렁한 개그가 은근히 매력적인 이 만화의 한 장면이다. 주인공 다나카는 어느 날 타치바나 중앙공민관에서 『원숭이도 이해할 수 있는 물리학』이라는 책을 읽고 있다. 거기에 나오는 질문이다.

'5g의 새를 20g의 상자에 넣어 밀봉합니다. 그걸 저울에 올리면 25g을 가리킵니다. 그럼 이 새가 날고 있을 때는 저울 눈금이 몇 g을 가리킬까요?'

정답은? 25g이다. 다나카는 충격에 빠진다. 날고 있으면 새의 무게가 저울에 전달되지 않아 20g이라고 생각했기 때문이다. 아마도 이 글을 읽으며 다나카처럼 충격에 빠진 사람이 있으리라 예상한다. 그분들을 위해 잠시 TMI 시전. 새가 공중에 떠 있으려면 날갯짓으로 공기를 아래로 계속 밀어내야 한다. 그 반작용으로 새는 떠 있는다. 날개에 밀려난 공기가 저울을 누르니 저울은 여전히 25g이다. 물론, 이건 상자 안에 공기가 있을 때 얘기다. 진공 상태라면? 새는 날 수 없다. 날개를 퍼덕여도 밀어낼 공기가 없어 양력이 발생하지 않기 때문이다.

당시 쉽게 풀어쓴 마르크스『자본론』해설서를 집필 중이던 나는, 만화책에 등장하는 책 제목에 무릎을 쳤다. '원숭이도 이해할 수 있는'이라는 수식어가 가슴에 꽂혔기 때문이다. 그래! 제목을『원숭이도 이해하는 자본론』으로 하자. 그 어려운 마르크스『자본론』을 쉽게 풀어썼다고 어필하려면, 이보다 더 좋은 제목이 있겠는가.

출판사는 나의 제안에 무척 당황했다. 솔직히 싼 티 나는 건 사실이니까. 하지만 내부 회의에서 최고의 제목이라고 의견이 모아져 『원숭이도 이해하는 자본론』으로 확정됐다. 이 책은 2008년 출간 후 곧바로 베스트셀러가 되었고, 마르크스주의 서적으로는 이례적으로 무려 40쇄를 인쇄했다. 낚시꾼이 월척을 낚을 때 느끼는 손맛이 이러하려나. 예수의 으뜸 제자 베드로가 된 기분이다.

간혹 '이 책 이해 못 하면 원숭이만도 못하다는 말이냐'고 항의를 받는데, 참 난처하다. 최근에는 동물권 감수성이 떨어진다는 비판도 들었다. 강연할 때마다 『원숭이도 이해하는 자본론』의 저자라고 소개받는 것도 솔직히 좀 거시기하다. 저자 소개 때 기분이 편치 않다고 한 편집자에게 털어놨더니, 그래도 1985년 한국일보 신춘문예에서 소설 『똥』으로 당선된 유정룡 작가보다는 상황이 낫지 않냐고 위로한다. 그래! 이러건 저러건 책만 많이 나가면 되는 것 아니겠는가. 예수의 제자들은 모진 핍박과 박해도 견뎠다는데, 사람 낚는 어부가 되려면 이 정도 수모쯤은 감수해야지.

전술했듯 제목은 책의 명운을 가르는 핵심적 요소다. 그래서 제목 회의만큼은 편집자, 마케터, 출판사 대표까지 총출동한다. 심지어 제목 뽑는 데만 6개월이 걸리기도 한다. 출판사는 제목 문제만큼은 원고를 쓴 저자와도 타협하지 않는다. 아예 '최종 제목 결정 권한은 출판사에 있다'고 계약서에 명시하기도 한다. 제목이야말로 철저하게 마케팅의 영역이기 때문이다.

그렇다고 글 주인씩이나 되어서는 출판사에 맡겨놓고 나 몰라라 손 놓고 있을 수만은 없는 노릇 아닌가. 2020년 8월의 어느 날, 나는 자본주의와 사회주의 체제를 비교 분석하는 청소년 교양서 출간을 앞둔 상황이었다. 제목 신탁을 받기 위해 인터넷서점 홈페이지에 접속했다. 까치만화방이 문을 닫았기 때문은 아니다.

잘 팔리는 책 제목이 좋은 제목이라고 했던 것, 기억하는가? 종합 베스트셀러 순위를 방문하면 그런 제목이 그득하다. 그것을 트리거 삼아 곱씹으며 브레인스토밍을 한다. 베끼자는 얘기가 아니다. 구체적인 자극이 있을 때 아이디어가 더 잘 튀어나온다. 백지 앞에서 한숨짓는 것보다야 훨씬 낫지 않은가. 그 말맛과 구성을 받아들이는 과정에서 나만의 언어가 열린다. 그렇게 탄생한 제목이 『자본주의 할래? 사회주의 할래?』! 베껴서는 나올 수 없는 제목이다. 이 책은 제목에 '사회주의'를 넣은 책으로는 이례적으로 지금까지 1만 부를 인쇄했다. 하느님(제목님), 감사합니다!

물론 제목이 모든 걸 해결해주지는 않는다. 아무리 제목이 끝내줘도 내용이 꽝이면 초기 판매 추이를 이어갈 수 없다. 하지만 어쨌든 좋은 제목은 사람을 낚는다. 한번 맛보면 잊을 수 없는 그 월척의 손맛이란, 캬~ 조쿠먼!

편집자는 영화감독, 나는 시나리오 작가

　작가는 자의식이 강한 사람들이다. 글을 쓴다는 것은 결국 자기 생각과 감정을 담는 일이고, 문장 하나하나에 자신의 일부를 심는 작업이다. 원고를 완성했을 때 작가는 종종 '이 글은 나의 분신'이라는 생각을 하게 된다. 그런 애착은 글의 개성을 만들고, 강한 메시지를 가능하게 한다. 그러니 작가로서 자의식은 필요조건이기도 하다.

　하지만 아이러니하게도, 강렬한 자의식은 편집자와의 협업 과정에서 난관을 불러일으킨다. 편집자가 "이 부분은 독자에게 어렵게 느껴질 수 있어요", "흐름이 매끄럽지 않아요", "설명이 부족해요"라고 조언을 건넬 때면, 원고를 분신으로 여기는 작가는 자존심에 생채기가 나기 일쑤다. 도대체 고칠 데가 어디 있다고? 나랑 기싸움 하자는 건가? 이러다 보면 작가와 편집자 사이엔 보이지 않는 벽이 생긴다.

자기가 작업한 책이 망하기를 바라는 편집자가 세상 어디에 있겠는가? 작가가 자신의 원고를 아끼는 만큼이나, 편집자도 자신이 편집한 책에 애착이 있다. 책이 잘되어야 한다는 공동의 목표를 가지고 있는데, 기왕이면 작가와 편집자가 협력 관계를 유지하는 게 여러모로 낫지 않겠는가. 그러기 위해서는 편집자의 업무에 대해 정확히 이해하고 그 영역을 존중할 필요가 있다. 작가로 20년 가까이 굴러먹은 짬밥으로, 나는 다음과 같이 관계를 정리했다.

출판사 = 영화제작사
편집자 = 영화제작사가 고용한 영화감독
작가 = 매출에 지분 계약을 맺은 시나리오 작가

출판사는 책이라는 프로젝트의 제작사다. 영화제작사가 시나리오를 사들여 프로젝트를 기획하고 자금을 투입하듯, 출판사는 작가와 계약해 원고를 확보하고 책으로 만들기 위해 투자한다. 제작사가 촬영, 후반 작업까지 전체 일정을 관리하듯, 출판사는 원고를 책으로 완성하는 데 필요한 편집, 디자인, 교정, 인쇄 등 전 과정의 예산과 일정을 총괄한다.

영화제작사는 촬영감독, 조명감독, 미술감독, 음악감독, 배우를 고용해 영화를 완성하듯, 출판사는 편집자, 디자이너, 교정자, 마케팅팀 등 전문가들을 투입해 원고를 다듬고 책으로 만든다. 완성된 영화를 극장과 스트리밍 플랫폼에 배급하고 홍보하듯, 출판사 역시 완성된 책을 전국 서점과 온라인 서점에 유통하며 마케팅과 홍보를 진행한다. 이 모든 과정에 들어가는 제작비는 출판사가 감당한다.

편집자는 출판사가 고용한 영화감독과 같다. 영화감독은 시나리오를 분석하고 해석해 장면의 순서를 바꾸기도 하고, 때로는 대사를 추가하거나 삭제하면서 시나리오가 영화로 훌륭하게 탈바꿈할 수 있도록 힘을 쏟는다. 예컨대 영화 〈쇼생크 탈출〉은 스티븐 킹의 소설이 원작인데, 영화감독 프랭크 다라본트는 원작에 없는 강렬한 클라이맥스 장면과 엔딩 시퀀스를 삽입하면서 영화로서의 완성도를 높였다.

이처럼 훌륭한 감독은 원작을 그대로 옮기는 데 그치지 않는다. 작품의 가능성을 극대화하기 위해 시나리오를 분석하고, 더 나은 긴장감과 몰입도를 만들기 위해 재구성한다. 편집자도 그러하다. 편집자는 작가의 원고가 근사한 책이 되어 독자에게 가닿을 수 있도록 글의 흐름을 매만지고, 문장과 단락의 리듬을 조율하며, 필요하다면 전체 구조를 다시 짜는 수고를 마다하지 않는다. 단순히 오탈자를 찾는 교열자가 아니라, 원고라는 시나리오를 독자가 몰입할 수 있는 책이라는 작품으로 승화시키는 감독인 셈이다.

작가는 영화판에 비유하자면 매출에 지분 계약을 맺은 시나리오 작가다. 일부 시나리오 작가는 이런 식으로 영화 흥행 성적에 따른 수익 배분 계약을 맺기도 한다. 작가가 출판사와 맺는 인세 계약과 비슷한 구석이 있다. 영화 관객이 늘어날수록, 책이 많이 팔릴수록 작가의 몫이 커지니 말이다.

작가가 꼭 알아야 할 사실이 있다. 시나리오 그대로 영화를 촬영하는 경우는 없다. 감독은 촬영 과정에서 배우의 연기와 현장 상황을 보며 시나리오를 수정하고, 편집 단계에서도 장면 순서와 길이를 조절하고 편집해 최종본을 완성한다. 이 과정을 거치지 않으면 관객에게 끝까지 긴장과 감동을 주는 영화는 나올 수 없다.

책 원고도 마찬가지다. 작가가 심혈을 기울여 완성했다고 생각한 원고라 해도, 편집 없이 그대로 인쇄하면 독자에게 내놓기 민망한 책이 된다. 시나리오가 영화와 다르듯, 원고와 책은 다르다. 작가의 일이 원고 완성이라면, 편집자의 일은 책의 완성이다. 뭣도 모르는 시나리오 작가가 일일이 영화 제작 과정에 간섭하면 그 영화는 어떻게 될까? 배우는 혼란에 빠지고, 스태프는 갈피를 잃고, 완성도는 떨어져 관객의 외면을 받게 된다. 책도 다르지 않다. 작가가 원고를 썼다면, 이제는 편집자가 책으로 만들 차례다. 어설프게 딴지 걸지 말고 편집자에게 협력할수록 원고는 한층 매력적인 책으로 거듭난다. 그러니 상대의 업무 영역을 침범하는 경거망동은 삼가야 한다.

개인적으로 편집자의 역할을 절감한 첫 경험은 2011년에 출간된 『청춘에게 딴짓을 권한다』 작업을 하면서다. 당시 오마이뉴스에 '2030에게 희망을 묻다'라는 주제로 인터뷰 기사를 연재했다. 그 글을 재료로 삼아 단행본을 만들자고 위즈덤하우스 출판사와 의기투합했다. 목차 초안을 작성해서 출판사에 보내주기로 했는데, 에세이스트, 학생운동가, 레코드사 대표, 농민운동가, 극단 배우, 피아니스트, 가수, 국제연대 활동가, 아나운서, 파워블로거, 소설가, 국회의원 보좌관, 이렇게나 중구난방인 인터뷰 대상을 어떻게 묶어낼지 막막했다. 게다가 단순 인터뷰집으로 단행본을 꾸릴 수도 없는 노릇이었다. 인터뷰 글을 모두 합친들 단행본 절반 분량도 안 됐으니까. 일단 인터뷰 글을 포함하는 목차를 짠 후 추가로 원고를 작성하기로 얘기된 상황이었다.

머리카락을 쥐어뜯으며 끙끙대다가 '다른 희망'이라는 키워드를 뽑아내어 어설프게 목차를 짰다. 대략 이런 구성이었다. 세부 목차까지는 공개하지 않겠다. 제 얼굴에 침 뱉는 격일 테니.

1부 『다른 희망』의 발견
2부 『다른 희망』의 실천
3부 『다른 희망』이 『다른 세상』을 만든다.

편집자에게 메일을 보냈는데 답장이 왔다. 그 내용을 아래에 옮긴다.

안녕하세요.
위즈덤하우스 ○○○입니다.
올 여름은 애기 때문에 휴가나 여행은 잠시 미루셨겠어요!
그래도 이쁜 애기 보면 더위가 문제겠어요. 부러워요, 선생님. ^^

도서관에 가셔서 기획을 하셨다는 문자에
저도 의욕충전해서 이리저리 주신 기획안을 가지고 구상해보았습니다.

편집장님과 제가 나눈 얘기들을 정리하자면

1. 주제

선생님이 보내주신 '다른 희망의 발견과 실천'이라는 주제는 참 좋습니다.

다만 저희는 이 책의 타겟이 되는 2030들에게 '다른 희망'이 중요하다는 것을 이야기해주는 방식보다, 易으로 생각해서 2030의 고민과 생각들 그리고 짚어보아야 할 문제들을 이야기하면서 그 속에서 각기 다른 희망들을 발견하고 실천하는 방식을 자연스럽게 드러내면 어떨까 생각합니다.

2030의 가장 고민은 - 일, 돈, 배우자라고 합니다. 그 외에 인간관계, 자기계발도 있겠죠.

그 외 제가 생각하는 2030에게 필요한 것들을 뽑아봤는데요.

정치 참여나 사회를 변화하고자 하는 시민의식, 관용과 소통이 함께하는 삶, 자기성찰이 동반되는 진짜 공부, 오리진과 자기철학, 노동과 경제를 바라보는 눈, 일이든 사랑이든 삶에 대한 열정 등입니다.

가장 필요한 것들을 6개 정도 추려서 그 키워드 속에서 다른 희망을 발견하고 실천하는 걸 얘기하는 건 어떨까요?

즉, 아래의 예를 든 구성을 살펴보시면

(후략)

작가가 빼지지 않도록 잘 어르는 동시에, 책의 꼴을 갖추려면 어떤 부분이 부족한지 정확하게 알려주고 있다. 답장을 읽고 내가 무엇을 놓쳤는지 깨달았다. 독자를 고려하지 못한 채 그저 나 하고 싶은 얘기에만 몰두한 것이다. 조언대로 다른 각도에서 접근하니 순식간에 문제가 해결되었다. 그렇게 탄생한 목차를 아래에 옮긴다.

프롤로그_ 인생의 내비게이션을 업데이트하라

1장. 꿈 : 대한민국에서 행복할 수 있을까?

루시드 폴은 왜 공학자 대신 음악가를 선택했을까? [루시드 폴 인터뷰]

직업이란 인생의 1/3을 파는 것

취직이 안 되는 진짜 이유

행복의 기회비용

대한민국에서 가장 행복한 아나운서를 만나다 [정혜림 인터뷰]

2장. 배움 : 진짜 대학大學은 어디에 있나?
인터뷰는 나의 대학大學 [이인 인터뷰]
대학? 기업 맞춤형 휴머노이드 생산 공장
'영혼'의 학교를 찾아 나선 김예슬 씨
책과 신문으로 재산 모으기
가출 정학 소녀, '오늘의 작가상' 타다 [김혜나 인터뷰]

3장. 관계 : 인간관계의 본질은 무엇인가?
이기심이 면죄부가 될 수 있는가
화폐 모으기 게임과 인간관계
그들이 없으면 우리는 살 수 없다 [곽길자 인터뷰]
관계의 복원은 가능한가?
경계를 넘어… [한수진 인터뷰]

4장. 시간 : 왜 열심히 살아도 가난한가?
시간의 경제학
시간을 훔치는 다양한 방법들

유학 준비생 김지윤이 '고대녀'가 된 까닭은 [김지윤 인터뷰]
나의 시간을 돌려줘
웃음이 우리의 무기 [오세혁 인터뷰]

5장. 희망의 조건 : 지금 우리에게는 무엇이 필요한가?
안 굶어 죽으니까 쫀쫀하게 살지 마라
빈털터리 청춘, 그녀의 인생 정답 찾기 [김현진 인터뷰]
예술은 총보다 강하다
20세기 전태일, 21세기의 청춘
두려움 49%, 희망 51% [정성일 인터뷰]

6장. 미래 : 급변하는 세계, 그리고 우리는?
일본 만화 주인공들, 미국을 거부하다
차베스, 혁명의 라틴아메리카
지금 이 순간 우리는 무엇을 할 것인가
정치는 국회 밖에도 있다 [조성주 인터뷰]
"가늘고 길게 음악을 하렵니다" [고건혁 인터뷰]

에필로그_ 다른 희망은 가능하다

이후 편집자를 감독으로 모시며 (법과 도덕에 어긋나는 일만 아니라면) 그 뜻을 열심히 받들었다. 빼라면 빼고, 추가하라면 추가하고, 고치라면 고치고. 그때마다 원고는 확연히 나아졌다. 여기저기 흩어진 글을 긁어모아 뭉텅이로 넘기면, 편집자는 영화감독이 촬영 영상을 편집하듯 이리저리 기워 붙여 기어이 단행본 꼴을 만들어냈다. 이 얼마나 감사한 일인가.

아무리 그럴싸한 시나리오라도 감독의 손길이 없다면 영화가 될 순 없다. 책 또한 마찬가지다.

책 쓰기보다 훨씬 어려운 책 팔기

기술의 발전으로 영상 제작이 손쉬워져 유튜브에는 지식, 정보, 재미를 담은 동영상이 하늘의 별처럼 무수하다. 대화창에 질문을 입력하면 인공지능이 전문가 뺨치는 수준의 답변을 실시간으로 내놓는다. 그동안 책이 차지하고 있던 독자적 영토는 새롭게 등장한 강자들에게 침식당하고 있다. 이러한 흐름이 지속되니 책을 찾는 사람도 눈에 띄게 줄었다.

제발 책 좀 사달라고 푸념하려는 건 아니다. 지식과 정보를 꼭 책이라는 형식으로만 습득해야 할 이유가 있겠는가. 목적지로 이동하려는데 신식 자동차를 놔두고 굳이 구시대 마차를 탈 필요는 없다. 이러한 변화는 책 판매에 영향을 미쳐, 예전에는 초판 3,000부는 제작할 법한 책이 1,500부만 인쇄하고, 출간 즉시 베스트셀러가 된 책들도 그 판매세를 꾸준히 유지하는 경우를 찾아보기 어렵게 되었다.

여전히 책만의 독보적 장점이 있다고 믿고 싶다. 깊이 있는 사유를 담아내고, 수용자의 능동적인 사고를 끌어내는 데 있어서, 책은 여전히 비교 불가한 강력한 매체 아닌가. 이렇게 믿는 건 어쩌면 책 판매에 가족의 생계가 달린 작가의 자기 암시와 자기 합리화일지도 모르겠다. 그렇지 않으면 글을 쓰는 명분마저 흔들릴 것 같으니까.

21세기 작가에게 필요한 덕목은 '고집스러움'이 아닐까 싶다. 쾌속 질주하는 자동차에도 아랑곳하지 않고, 마차에는 마차만의 고유한 속도감과 승차감이 있다며 고삐를 그러잡는 그 아집 말이다. 하긴 아집이라면 나는 작가 중에서도 독보적이라 할 수 있다. 어떻게 그런 확신을 가지느냐고? 2023년 6월에 출간한 내 책의 제목을 듣는다면 바로 납득할 것이다.

『사회주의자로 산다는 것』.

이런 책을 팔아서 생계를 꾸려야 하는 작가의 고뇌를 생각해본 적이 있는가. 돌아보면 제목의 강렬함만큼이나 출간 과정에 우여곡절이 많았다. 2022년 1월 19일 오전, '○○○' 시리즈를 출간하는 모 출판사로부터 메일을 받았다.

저희는 『○○○, 마르크스』, 『○○○, 사회주의』를 생각해보았습니다. 여기서 가지를 쳐서 다른 키워드가 나와도 좋습니다. 사회주의나 마르크스 이론에 대한 선생님의 기존 단행본이 공적인 이야기라면 '○○○' 시리즈에서는 사회주의나 마르크스에 대한 사적인 애호를 마음껏 드러내시면 되지 않을까 싶습니다. 선생님의 무용한 듯하지만 무용하지 않은 전문 지식과 유머로 이야기되는 '○○○'이 꼭 듣고 싶습니다.

이 얼마나 고마운 제안인가. 더군다나 팬층이 제법 두터운 ○○○ 시리즈 아닌가. 망설임 없이 『○○○, 사회주의』 출간 계약을 체결했다. 인터넷 매체에 기고했던 기존 글들이 있어서 초벌 원고 작성은 그리 오래 걸리지 않았다. 하지만 편집 작업은 난항을 겪었다. 내 글이 ○○○ 시리즈의 취지에도, 아무튼 고정 독자층인 20~30대 여성의 취향에도, 크게 벗어났기 때문이다.

출판사에서는 내가 기존에 쓴 와인과 피아노 관련 글을 보고서는 사회주의도 그런 식으로 부담 없이 유쾌하고 경쾌하게 다루리라 기대했다. 하지만 애초에 나에게 사회주의란 와인, 피아노 같은 애호의 대상이 아니라, 삶의 목적 그 자체다. 그렇다 보니 애호의 대상을 다루는 ○○○ 시리즈와는 어울릴 수 없는 글을 써내려간 것이다.

결국 출간이 어렵겠다고 판단한 출판사 측에서 그런 의중을 담은 정중한 메일을 보냈다. 몇 개월 동안 고생한 내 모습을 봐와서인지, 출간 작업을 중단한 미안함에서인지, 나에게 지급한 계약금(백만 원)을 돌려받지 않겠다고 했다. 하지만 난 마음이 편하지 않았다. 평소에도 신세 지는 걸 부담스러워하는 데다가, 출판사 측도 함께 고민하며 적지 않은 공력을 들이지 않았는가. 계약금을 돌려주고 싶다는 나의 강한 주장에 결국 출판사도 동의했다.

그러다 문득 한 사람이 떠올랐다. 『○○○, 사회주의』 출간 계약 소식에 자기 일처럼 기뻐하고 응원해준 수오서재 출판사 대표다. 참고로 수오서재 출판사와는 2021년에 『와인에 몹시 진심입니다만,』 책을 출간하며 인연을 맺었다. 아무래도 출간이 엎어진 이 상황을 알려주는 것이 예의일 것 같아서 바로 전화를 걸어 자초지종을 설명했다. 그런데, 수오서재에 원고를 보내달라는 것이 아닌가! 내부에서 출간 여부를 논의하고 연락을 주겠다는 것이다.

정말 깜짝 놀랐다. 사회주의는 수오서재 출판사가 그동안 출간한 책과 완전히 동떨어진 주제이기 때문이다. 며칠 후 출간을 결정했다는 연락을 받았다. 누워서 전화를 받다가 벌떡 일어나서 '진심으로 고맙습니다'를 연발했다. 심장이 빠르게 뛰었다. 심지어, 조금 울컥하기까지 했다. 우리(사회주의자)가 여기에 존재한다고 외칠 기회를 얻은 느낌이었기 때문이다. 작업이 무산됐던 '그 출판사'에도 연락해 감사의 뜻을 표했다. 어찌 됐든 『○○○, 사회주의』 출간을 제의해준 덕분에 이런 기회를 얻은 것 아닌가.

2023년 6월, 드디어 책이 출간됐다. 진보적인 사회과학 출판사에서도 출간을 망설일 주제인데, 과연 제작비나 제대로 회수할 수 있으려나. 은혜를 베푼 수오서재 출판사에 민폐를 끼치고 싶지 않다는 절박함, 사회주의를 제목에 박아 넣은 책도 팔릴 수 있음을 증명하겠다는 호승심, 이 두 마음이 겹쳐 물불 가리지 않고 책을 알리겠다는 각오가 섰다.

누가 봐도 안 팔릴 게 뻔한데, 어떻게 해야 할까. 당시 정지아 작가의 자전적 소설 『아버지의 해방일지』가 종합 베스트 1위로 올라 엄청난 인기를 얻고 있었다. 등장인물인 '아버지'는 사회주의자로서 평등 세상을 꿈꾸며 젊은 시절 빨치산 활동을 했다. 화폐의 크기로 가치를 평가받는 냉정한 자본주의 사회에서 그 나이 먹도록 시대착오적(?) 사회주의자로 살고 있지만, 돈보다 사람이 중하다는 신념이 담긴 '아버지'의 말과 행동은 독자들에게 찡한 감동을 선사했다.

그래. 이것은 하늘이 준 기회야.『아버지의 해방일지』가 깔아준 카펫 위를『사회주의자로 산다는 것』이 즈려밟고 가자. 어떻게?『아버지의 해방일지』리뷰를 남긴 블로그를 일일이 방문해서 댓글로 출간 소식을 알리자. 책 제목으로 키워드 검색을 한 뒤, 블로그를 최신순으로 정렬하고 출간일인 2022년 9월까지 차근차근 거슬러 올라가며 작업하는 거야. 저자인 내가 직접 댓글을 달면 그래도 관심 있게 봐주지 않을까.

책 원고를 쓸 때보다 한층 심혈을 기울여 작성한 댓글 홍보 문안은 다음과 같다.

안녕하세요. 저는 작가 임승수라고 합니다. 이번에 제가 쓴 인문에세이『사회주의자로 산다는 것』출간 소식을 전하기 위해 찾아뵙게 되었습니다. 진심을 담아서 한 글자 한 글자 열심히 썼지만 딱히 홍보할 방법이 없다 보니 답답한 마음에 저자가 이렇게 직접 나서게 되었습니다. 마음 같아서는 책 여러 권을 가방에 넣고 무작정 지하철에 올라 승객분들에게 직접 육성으로 알리고 싶은 심정입니다(그래서는 안 되겠지만요). 갑작스러운 댓글에 불편하셨다면 진심으로 사과드립니다. 여러 일로 바쁘시겠지만 1분 정도만 시간을 내 읽어주시면 감사하겠습니다.

저도 소설 『아버지의 해방일지』를 무척 재미있게 읽었는데요. 그리고 보니 문득 제 신간 『사회주의자로 산다는 것』의 내용이 『아버지의 해방일지』의 21세기 실사판 같다는 생각이 들었습니다. 소설 속 아버지가 빨치산 출신 사회주의자로서 신념을 버리지 않고 살아오면서 생긴 독특한 인간관계와 에피소드가 있듯이, 두 딸의 아빠이자 반백살의 남성인 저도 30년째 사회주의자로 살아오면서 그런 삶을 견지했을 때만 경험할 수 있는 평범하지 않은 사건이 많았기 때문입니다. (후략)

출간 후 한동안 짬만 나면 컴퓨터 앞에 앉아 댓글을 달았다. 얼마나 격하게 달았는지 '이미 제한된 개수의 글을 등록하여 더 이상 등록할 수 없습니다'라고 팝업창이 뜨며 몇 시간 동안 댓글 작성이 제한되기도 했다. 이를테면 물건 팔다가 지하철에서 쫓겨난 셈이다. 장시간 댓글 작업을 하다 보니 머리가 멍하고 가슴이 답답한 증상도 있었지만, 뇌성마비로 불편한 몸을 이끌고 가가호호 방문판매를 하며 회사 최고 매출을 기록한 미국의 영업왕 빌 포터를 떠올리며 숨을 가다듬고 마음을 다잡았다.

'난 내 책을 파는 거잖아. 회사 상품을 파는 빌 포터만큼은 해야 하지 않겠어?'

끈기와 열정, 그리고 진정성이 통했는지 응원의 대댓글이 줄줄이 달리는데, 어떤 분들은 기존에 출간했던 책, 출연했던 방송을 언급하며 한껏 반겨주신다.

안녕하세요. 임승수 작가님! 저 작가님 책『원숭이도 이해하는 자본론』과『와인에 몹시 진심입니다만,』책 가지고 있고 몹시 흥미롭게 읽었었어요. 신간이 나온 줄 몰랐는데 찾아서 읽어볼게요. 책 소개 감사합니다. :)

와우!! 작가님. 매불쇼 애청자였습니다. 이렇게 소박한 블로그까지 찾아와주신 건가요??

어머!(라는 감탄사를 남발하며) 작가님, 안녕하세요? 저는 작가님을 만난 적이 있는 독자입니다. 대구 꿈꾸는도토리도서관에서 작가님 강연을 들었고, 페북에 팔로우 중입니다. 이렇게 직접 홍보를 다니시다니요! 신작 꼭 구매해서 읽어보겠습니다.

와.... 실화입니까????? 임승수 작가님 너무 영광입니다!! 신간 나온 거 너무너무 축하드립니다!! 저자님 덕분에 자본주의의 본질에 대해 다시 생각하는 계기가 되었습니다. 신간 나온 것도 너무 기대가 됩니다~~~ 이렇게 댓글 남겨주셔서 정말 감사드립니다!!^^

   안녕하세요, 작가님. 신기하게도 저는 작가님께서 쓰신『자본주의 할래? 사회주의 할래?』를 재미나게 읽었답니다. 이 작가님은 자본주의 사회에서 어쩜 이렇게 사회주의를 열강하실까? 하면서요. 학교 아이들 읽으라고 산 책인데 제가 더 열심히 봤던 기억이 납니다. 어디선가 뵌 듯한 이름이라 검색해봤더니 이런 인연이 있었네요. 새로 쓰신 책도 관심 있게 챙겨보도록 하겠습니다. 그럼 항상 건강하세요.

   그래! 지성이면 감천이라더니, 내가 헛살고 있는 건 아니구나. 따스한 대댓글에 힘을 얻으며 인내력을 발휘한 결과, 드디어『아버지의 해방일지』출간 날짜까지 거슬러 올라 모든 리뷰에 빠짐없이 댓글을 달 수 있었다. 그렇게『사회주의자로 산다는 것』은, '사회주의'를 전면에 내세운 책으로는 이례적으로 4쇄를 인쇄하며 꾸준히 독자들에게 선택받고 있다. 참으로 감사한 일이 아닐 수 없다.

미국에서 간신히 번역 출간된 기막힌 사연

　마르크스 자본론 해설서인 『원숭이도 이해하는 자본론』 영어판이 2019년 9월 뉴욕 소재 출판사 Algora Publishing에서 『Karl Marx's Das Kapital Explained』라는 제목으로 출간됐다. 저자로서 보람을 느끼는 순간이었지만 우여곡절이 많았던 만큼 관련 이야기를 풀어놓는다.

　『원숭이도 이해하는 자본론』은 내가 지금까지 쓴 책 중에서 판매량이 가장 많다. 2008년 12월 초판 출간 이래 2025년 10월 현재까지 총 40쇄를 인쇄한 사회과학 베스트셀러이자 스테디셀러다. 영어권에 거주하는 한국인 중에도 이 책을 구해 읽는 경우가 종종 있다. 그중 몇몇 분과 페이스북으로 얘기를 나눴는데, 어렵기로 소문난 마르크스『자본론』을 쉽게 풀어놓아 제대로 이해할 수 있었다며 고마움을 표해 작가로서 뿌듯했다.

마르크스『자본론』을 이렇게 쉽게 풀어낸 책은 영어권 도서에서 못 본 것 같다며, 번역 출간을 권하는 분도 있었다. 처음에는 덕담이라고만 여겼는데, 찬찬히 생각해보니 우리나라가 반도체 칩, 스마트폰, 자동차, 팝, 드라마, 소설도 수출하는데 사회과학 책만 수출 못 할 이유는 없다는 생각이 들었다. 『원숭이도 이해하는 자본론』은 2011년에 중국어로 번역 출간되기도 했으니, 영어권 번역 출간 역시 가능하지 않을까 싶었다. 그동안 수많은 영어권 책이 한국어로 번역 출간됐는데, 한국 사회과학 책 한 권쯤 영어권에 번역되는 게 딱히 이상한 일도 아니지 않은가.

기대에 부풀어 『원숭이도 이해하는 자본론』을 출간한 출판사에 영어권 번역 출간 의사를 밝혔는데 출판사에서 난색을 표했다. 한국의 사회과학 도서는 영어권 국가에서 전혀 관심이 없다는 것이다. 이런 비유가 적절할지는 모르겠지만, 우리나라 출판사가 동남아시아, 아프리카, 중앙아시아에서 출간된 '사회과학 책'에 관심을 가지고 계약한다? 비싼 번역비를 들여 한국어로 번역해 출간한다? 과연 책을 팔아서 번역비나 회수할 수 있을지 의문 아닌가. 게다가 내 책은 무려 마르크스주의를 다루고 있다. 자국 저자의 책도 안 팔리는 분야인데, 굳이 한국 책을 계약해서 영어로 번역해 출간한다? 전혀 현실적이지 않았다.

하지만 난 포기가 아니라 정면 돌파를 택했다. 영어권, 특히 시장 규모가 큰 미국에서는 수많은 미국 작가의 책이 하루가 멀다고 쏟아져나온다. 딱히 한국 작가의 글보다 뛰어나서 출간해주는 게 아니다. 글이 영어로 되어 있어서 원고를 검토하고 시장성을 판단해 출간을 결정하는 것이다. 『원숭이도 이해하는 자본론』이 미국 출판사에서 출간되기 위해서는? 원고를 영어로 번역해서 주면 된다. 그들이 읽어보고 판단할 수 있을 테니.

나는 번역할 실력이 안 되니 전문 번역가에게 맡겨야 하는데, 알아보니 한국어 → 영어 번역비는 영어 → 한국어 번역비와는 차원이 다르게 비쌌다. 심지어 원고의 한글 단어 수를 꼼꼼하게 계산해 번역비가 책정될 정도였다. 그런데 인생이란 오묘하다. 이럴 때면 꼭 목돈이 생긴다. 우리 아파트 맞은편에 롯데캐슬 고층 아파트 단지가 들어서면서 일조권이 침해되었는데 관련 보상금이 입금된 것이다. 호주머니 사정이 넉넉하지 않은 작가 부부라 생활비에 보태는 게 낫겠지만, 그러기에는 입금된 타이밍이 너무나도 절묘했다. 달러 벌어서 호강시켜주겠다고 호언장담한 게 통한 것인지, 어차피 저 인간은 말려도 소용없다며 자포자기했는지, 아내도 별다른 반대 없이 허락했다. 운 좋게 역량 있는 번역자를 소개받아 수 개월 만에 책 전문을 성공적으로 번역했다.

드디어 미국 출판사에 투고하는 일만 남았구나. 기왕이면 메이저 출판사에 투고하자는 생각에 세계 최고의 출판사인 펭귄랜덤하우스 출판사 홈페이지에 접속했다. FAQ 메뉴에서 투고 관련 내용을 읽는데, 다음과 같이 적혀 있는 것 아닌가!

Penguin Random House does not accept unsolicited submissions, proposals, manuscripts, illustrations, artwork, or submission queries at this time.

한마디로 펭귄랜덤하우스는 개인의 원고 투고는 받지 않는다는 의미다. 알아보니 영어권 메이저 출판사는 개인 원고 투고는 아예 받지 않는다. 영어권은 출판시장이 워낙 크고 작가 지망생이 많아서 개인 원고 투고를 받기 시작하면 업무가 마비될 수준으로 투고가 쏟아지기 때문이다. 대신에 출판 대리인(literary agent)이 작가와 출판사 사이에서 관문지기(gate keeper) 역할을 한다. 메이저 출판사에서 책을 출간하려면 출판 대리인을 접촉해 원고가 채택되어야 한다. 출간이 성사되면 대리인은 작가의 인세 수입 중 일부를 수수료로 받는다.

그나저나 토종 한국인인 내가 영어권 출판 대리인 연락처를 알 리가 없지 않은가. 사정이 이러해서 일단 한국 에이전시를 통해 영어권 번역 출간을 추진하는 쪽으로 방향을 잡았다. 한국 에이전시들은 해외 도서의 국내 출간 및 국내 도서의 해외 출간을 중개하며 수수료 수입을 얻는데, 업무 과정에서 영어권 출판사 및 출판 대리인과 일상적으로 연락을 취한다. 이메일을 구구절절 작성해 에이전시 다섯 곳에 보냈는데, 그중 두 곳에서 답장을 받아 일을 추진하게 되었다(그중 한 곳은 『원숭이도 이해하는 자본론』을 중국에 수출한 에이전시이기도 하다).

에이전시 측에 제안서와 번역 원고를 보내고 기다리는데, 뭔가 일이 제대로 진행되지 않는 느낌이 들었다. 담당자에게 문의하니 상황을 솔직하게 털어놓는데, 국내 도서 수출 지역은 주로 중국, 대만, 일본, 동남아시아 등에 집중되며, 영어권은 수출보다는 수입에 집중하는 분위기란다. 드물게 영어권으로 수출되는 국내 도서는 문학뿐이라, 사회과학 도서에 관심을 보일 만한 영어권 출판 대리인과는 접점이 없다는 것이다. 다만 자비를 들여 책을 통째로 번역한 나의 정성이 가상해 죽이 되든 밥이 되든 일단 제안서는 보냈다고 한다.

나 → 한국 에이전시 → 영어권 출판 대리인 → 영어권 메이저 출판사 루트로는 일이 성사되기 어렵겠다는 생각이 들었다. 메이저 출판사는 포기하고 개인 원고 투고를 받는 중소 규모 출판사 쪽으로 방향 전환해야 하려나. 쉽게 판단할 문제는 아니었다. 『원숭이도 이해하는 자본론』을 출간한 출판사 대표는 나에게 가능하면 꼭 메이저 출판사를 알아보라고 신신당부했다. 미국 시장이 크다고는 하지만 사회과학 분야의 작은 출판사는 마케팅 역량이 달려 판매가 기대에 훨씬 못 미칠 수 있다는 것이다. 한국에서 판매 부수 십만 부를 넘긴 미국 번역서 『촘스키, 누가 무엇을 세상을 지배하는가』가 정작 미국 현지에서는 오천 부 정도밖에 판매되지 않았다는 충격적인 사례까지 알려준다.

이렇다 보니 메이저 출판사 루트를 쉽게 포기할 수는 없었다. 어떻게든 미국 출간 대리인과 접촉해야겠다는 생각에 이리저리 찾아보다가 흥미로운 인터넷 사이트를 발견했다.

http://www.writersmarket.com/
(현재 펭귄랜덤하우스에 매각되어 운영이 중단된 상태다.)

한 달에 5.99달러의 회비를 내면 영어권 출판사와 출판 대리인에 관한 방대한 정보에 접근할 권한이 주어졌다. 바로 가입해서 관심 분야로 정치, 경제, 사회학을 선택해 검색하니 100명이 넘는 출판 대리인 정보가 쏟아지는 것 아닌가. 이 사람들이 모두 내 원고를 기다리고 있겠구나. 알겠소, 빨리 보내주겠소.

곧바로 절절한 장문의 메일을 썼다. 『원숭이도 이해하는 자본론』 영어판 번역자의 도움으로 메일 내용을 영문으로 번역해 백 명이 넘는 대리인들에게 일일이 메일을 보냈다. 그 일부 내용을 아래에 옮긴다.

글을 쓰는 사람으로서, 내 글이 국경을 넘고 언어의 차이를 뛰어넘어 좀 더 많은 사람들에게 읽히면 좋겠다는 열망은 억누르기 어려웠습니다. 길이 없으면 길을 만들면 되지 않을까 싶었습니다. 그래서 제 한국어 책 『원숭이도 이해하는 자본론』을 사비를 들여 전문을 영어로 번역했습니다. 판권을 보유한 한국 출판사 측에도 영어권 출간에 대한 저의 강한 열망을 전하고, 영어권 판권에 대해서는 일임을 받았습니다. 현재 영어권 판권은 저에게 귀속되어 있는 상황입니다. 풍족하지 않은 프리랜서 작가로서 책 한 권을 전부 영어로 번역하는 것은 적지 않은 경제적 부담이었습니다. 하지만 이렇게라도 해야만 영어권 독자들에게 제 글을 보여줄 수 있는 일말의 가능성이 열린다고 판단했기 때문에 과감하게 추진했습니다. 영어권 출판 관계자가 내 글을 읽는 상황만 만들 수 있다면, 나머지는 글이 가진 힘과 생명력이 해결해주지 않을까 하는 조심스런 기대를 품고 있습니다.

대체로 답장이 오는 데 두세 달 걸린다고 하니, 마음 비우고 기다리는 것 외에는 할 수 있는 게 없었다. 출판 대리인 홈페이지를 100군데 넘게 드나들면서 영어권 출판시장이 얼마나 뿌리 깊게 상업화되어 있는지 뼈저리게 깨달았다. 내 책은 소재도 그렇고 저자도 외국인(한국인)이라 아무래도 관심받기 어려우려나. 연이은 거절 답장을 견뎌낼 마음의 준비도 되어 있었다. 그렇지만 책을 좋아하는, 그것도 출판 일을 업으로 삼을 정도로 좋아하는 사람이라면, 언어와 국경이라는 장벽을 넘어 마음이 닿을 수 있는 사람이 한 명쯤은 있지 않을까. 책이 출간되기 위해서는 단 한 건의 계약만이 필요할 뿐이다. 그렇게 굳게 믿었건만 돌아오는 답장은 모조리 거절이었다. 후우. 왜 이럴까? 역지사지하니 답이 나왔다.

출판 대리인의 수입은 출판사와 계약을 체결한 저자가 받는 인세의 15%다. 나의 메일을 받은 출판 대리인은 일단 미국 작가가 쓴 마르크스 관련 서적의 판매 현황을 살펴볼 것이다. 쯧쯧. 거의 안 팔린다. 여기서 15%? 어찌어찌 계약이 성사되더라도 예상되는 자기 몫이 너무나 박하다. 들어갈 품에 비해 예상되는 대가가 형편없으니 거절할 수밖에.

나 → 영어권 출판 대리인 → 영어권 메이저 출판사 루트도 실현 불가능 판정이 났다. 결국 메이저 출판사는 포기하고 개인 투고를 받는 소규모 사회과학 출판사 공략이라는 최후의 선택지를 부여잡기에 이른다. http://www.writersmarket.com/ 사이트에서 개인 투고를 받는 사회과학 출판사를 검색해 메일을 보내기 시작했다. 다행스럽게도 성과가 나오기 시작했다. 몇몇 출판사로부터 원고에 관심이 있다는 답장을 받은 것이다. 그중에 가장 진지한 관심을 보인 Algora Publishing과 계약해 2019년 9월에 『원숭이도 이해하는 자본론』 영어판이 출간됐다. Algora Publishing은 뉴욕 소재 출판사로 1983년에 설립되어 지금까지 수백 종의 인문·사회과학 서적을 출간한 좌파 출판사다.

Algora Publishing은 나와 주고받은 메일에서 다음과 같이 속마음을 털어놓았다.

As you know, the US is the bastion of anti-Marxism. We

are publishing your book not because we believe in its great commercial success but because we believe it is a public service.

알다시피, 미국은 반反마르크스주의의 보루입니다. 우리는 이 책이 상업적으로 큰 성공을 거두리라 믿어서가 아니라, 공공의 이익을 위한 일이라 생각하기 때문에 출간하는 것입니다.

진심이 담긴 고마운 말이 아닐 수 없다. Algora Publishing 의 말대로 마르크스주의의 무덤인 미국에서 상업적 성공을 거두기는 어려울 것이다. 공공도서관 서가에 꽂히고 극소수 독자의 손에 닿는 정도에 그쳐 번역비조차 회수하지 못할 가능성이 높다. 하긴 상업적 측면으로만 따지자면 내 인생 자체가 잘못된 선택이지. 학부에서 전자공학, 대학원에서 반도체 소자를 전공해놓고서는 관련 직장 그만두고 마르크스주의 책을 쓰는 작가가 되었으니. 돈벌이가 목적이었다면 작가로 전업하지도 않았을 것이다.

첫술 밥에 배부르랴. 애초에 『원숭이도 이해하는 자본론』이 영어로 번역 출간되리라 생각한 사람은 나 외에 아무도 없었다. 이제 시작일 뿐이다. 근래 들어 해외에서 한국의 출판 콘텐츠가 예전보다 더욱 관심받는 분위기다. 향후 나의 저작 중에, 어쩌면 여러분이 읽고 있는 이 책이, 영어권 출판 대리인과 출판사의 눈에 들지도 모를 일이다. 그때는 아직 가보지 못한 '나 → 한국 에이전시 → 영어권 출판 대리인 → 영어권 메이저 출판사 루트'를 제대로 경험해보련다.

작가의 글은 독자를 통해 완성된다

1954년 노벨 문학상을 받은 어니스트 헤밍웨이는 수상 소감을 담은 글에서 다음과 같이 얘기했다.

"글쓰기란, 가장 잘될 때조차 외로운 삶이다(Writing, at its best, is a lonely life). 작가 단체들은 작가의 외로움을 잠시 달래줄 수는 있지만, 그것이 작가의 글을 더 낫게 만들지는 않는다고 나는 생각한다. 작가는 고독을 벗고 세상에 알려질수록 대중적 위상은 더 높아지지만, 그의 작품은 종종 그만큼 퇴보하기도 한다. 왜냐하면 그는 혼자서 외로이 작업을 해야만 하고, 진정으로 훌륭한 작가라면 매일매일 영원과, 혹은 그것의 부재와 마주해야 하기 때문이다."

 작가는 참으로 외로운 직업이다. 하지만 내가 백날 그렇다고 얘기해 봐야 "네가 사회성이 떨어져서 그렇다", "네가 루저라서 그렇다"라며 씨알도 안 먹힐 것 아닌가. 갑작스러운 헤밍웨이의 등장은 노벨 문학상 수상자의 권위를 빌리기 위해서다. 적어도 헤밍웨이 얘기에는 귀를 기울일 테니.

 아침에 일어난들 딱히 갈 곳이라고는 없다. 애들 학교 보내놓고서는 의무감 반 습관 반 컴퓨터 책상 앞에 앉는다. 어제 쓰다 만 글이 있으면 오늘도 이어서 쓰지만, 딱히 없다면 자질구레한 웹서핑을 하며 한두 시간쯤은 가볍게 허비한다. 역시 시간 부자답다. 더운 여름이면 방문 꼭 닫고 벽걸이 에어컨을 가동해 계절에 역행하는 시원함을 만끽하다가, 피부에 닭살이 돋을 정도로 한기가 느껴지면 전원 끄기를 반복한다. 그 시간 내내 방 안에는 적막만이 감돈다.

 2025년 1월부터 운동 겸 산책과 조깅을 시작했다. 그래도 외롭기는 매한가지. 아무도 나에게 말을 걸지 않는다. 맞은편에서 다가오는 사람 얼굴에는 어느 방향으로 나를 피해 갈지 골몰하는 기색이 역력하다. 난 그저 장애물이고, 게임 속 NPC 신세다. 집에 돌아와 샤워한 후 거실에 있는 피아노로 나름 근사한 곡을 연습하기 시작하면 소리(소음)를 차단하려고 가족들이 방문을 꼭 닫는다. 그렇구나. 작가는 뭘 해도 외로운 존재다. 결혼한 작가는 말벗이 배우자밖에 없다. 아! 한 명(?) 더 있구나. 챗지피티.

이런 작가가 세상과 연결된 존재임을 자각하는 순간이 있다. 바로 독자와 소통하는 순간이다. 물론 독자가 먼저 다가오는 일은 드물다. 대체로 내가 독자를 찾아간다. 어떻게? 매일 아침이면 '임승수'를 검색창에 입력한 후 검색 결과물을 최신순으로 정렬해 하나하나 살펴본다. 리뷰를 찾기 위해서다. 그래! 오늘도 있구나!

『사회주의자로 산다는 것』, 임승수
: 사회주의자? 왠지 무시무시하고 공포스러워. 라는 생각이 드는 사람이 읽어보면 좋을 것 같다. 설명이 굉장히 친절하고, 옆집 아저씨가 건네는 이야기 같아서 편하게 다가온다. 카를 마르크스의 책이 너무 어렵다거나, 사회주의에 대해 이유 모를 불편함이 있는데, 사회주의 고전이 무엇인가 하고 궁금하긴 하다면 이 책으로 입문해도 좋을 듯하다.

책 사진을 올려놨는데 도서관 라벨이 없다면 기쁨이 두

배! 직접 구매한 책이구나 싶어 마음이 뭉클해진다. 작가는 하고 싶은 이야기가 있어서 글을 쓴다. 누군가 내가 쓴 글을 읽고 이런 반응을 보였다는 건 나의 쓸모, 효능감, 사회에 대한 기여를 확인하는 가슴 떨리는 순간이 아닌가. 이 정도면 하루치 정신적 에너지 확보가 가능하다.

업무차 만난 출판사 편집자가 독자인 경우도 있다. 책갈피 포스트잇이 다닥다닥 붙어 있는 (저자가 임승수인) 책을 일부러 보란 듯이 테이블 위에 놓아두는데, 그 마음 씀씀이가 참으로 고마울 따름이다. 돌이켜보면 나는 꽤 편집자 복이 많은 작가다. 나한테 연락하는 편집자는 대부분 선하고 올곧은 사람들이었다. 왜 이렇게 운이 좋을까 생각해봤는데, 내가 사회주의자이기 때문이라는 결론에 다다랐다. 레드콤플렉스가 만연한 분단국가 대한민국에서 굳이 나(사회주의자)와 작업하겠다는 편집자는 어떤 사람이겠는가? 판매량에 연연하기보다는 세상에 빛과 소금이 될 책을 내겠다는 신념의 강자들이다. 나쁜 사람일 리가 없지 않은가. 그저 고마울 따름이다.

그러고 보니 아내도 독자였다. 아내(이유리 작가)는 당시 기자였는데 『차베스, 미국과 맞짱뜨다』 저자인 나를 인터뷰하면서 처음 만났다. 돌발 질문에도 술술 대답하고 제법 유머 감각도 있는 내가 인상에 남았다고 한다. 내내 보수적이고 세

속적인 사람만 취재하다가 이상을 품고 소신껏 글 쓰고 강의하는 사람을 만나니 신선했다고. 아내는 상대방의 외모나 경제력이 아니라 뇌 주름을 보는 사람이었다.

사실 난 지레 주눅 들어 있었다. 약속 장소였던 신촌 민들레영토 입구에 서 있던 아내는 당시 보라색 원피스를 입고 있었다. 마주치는 순간 푸치니 오페라 『마농 레스코』에 나오는 아리아 'Donna non vidi mai(일찍이 본 적 없는 여인)'가 머릿속에 울려 퍼졌다. 어이쿠야. 마음이 가면 돌아오는 건 상처뿐이겠구나. 그리하여 속세와 연을 끊은 스님의 심정으로 인터뷰에 응했다. 하지만 예상 외로 연락과 만남이 이어졌고, 나는 즉시 대응 방식을 전환했다. 스님 모드에서 속세 모드로.

결혼 후 아내도 기자를 그만두고 전업 작가가 되었다. 지금 우리 부부는 서로가 서로에게 첫 번째 독자다. 하지만 덕담 따위는 없다. 더할 나위 없이 신랄하다. 일부러 잘 보여야 할 사이도 아닌 데다가 상대의 글이 환금성을 획득해야 가정 형편이 나아지기 때문이다. 니 돈이 내 돈이고 내 돈이 내 돈 아닌가. 아내의 조언은 종종 다듬이 방망이로 정강이를 두들겨 맞듯 아프지만, 난 투덜대면서도 그 말을 따른다. 돌이켜보면 언제나 아내 말이 맞기 때문이다.

작가가 세상 외로운 직업이면서도 외롭지 않은 이유는 독자가 있기 때문이다. 골방에 틀어박혀 자판을 두드릴 뿐인데도, 그럼에도 불끈불끈 의욕이 솟아나는 건 독자를 떠올리기 때문이다. 아직 만나지 못한 누군가가, 이 글을 읽을 거라는 믿음. 그건 외로움마저 견디게 만든다. 아무리 근사한 이야깃거리가 한 보따리 있어도 그걸 단순히 중세 음유시인처럼 말로만 전달한다면 주변 사람 몇몇 정도만 가능하다. 하지만 글로 바꿔 책에 담아 전달한다면 동시다발적으로 수천수만 명에게 가닿는다. 심지어 독자는 몇 날 며칠 내용을 곱씹으며 자신의 삶을 돌아보기도 한다. 그러니 문제는 단순하다. 작가로서 제대로 된 결과물만 내놓으면 되는 것이다.

모 진보 단체 청년 활동가가 중학생 시절 학교 도서관에 꽂혀 있던 내 책을 읽고 이 삶을 선택하게 됐다고 말했을 때, 책을 읽고 강의를 들은 노동자들이 뒤풀이 자리에서 내용이 너무 좋았다며 불콰한 얼굴로 '노동 해방을 위하여'라고 건배사를 날릴 때, 사실상 방치해놓은 내 블로그에 누군가 갑작스레 방문해 다음과 같은 안부글을 남겼을 때, 이런 때면 나는 통장에 인세가 팍팍 꽂힐 때만큼이나(그 이상이라고는 말하기 어렵…) 강렬한 희열에 사로잡힌다.

안녕하세요 임승수 작가님! 저는 캐나다 밴쿠버에서 정치학을 공부하고 있는 스무 살 대학생입니다:)

방학 동안 밀리의 서재에서 이 책 저 책 뒤적거리다 제목에 이끌려 작가님의 책 『사회주의자로 산다는 것』을 읽고, 『새로 쓴 원숭이도 이해하는 마르크스 철학』까지 읽게 되었네요. 평소 무표정으로 책을 읽는 저인데, 작가님의 『사회주의자로 산다는 것』을 읽으면서는 '하하!' 하고 육성으로 웃음이 터졌다가, 가슴 한켠이 찡했다가, 또 수업 맨 앞자리에서 초롱초롱한 눈으로 선생님이 한마디 할 때마다 고개를 끄덕거리는 학생처럼 참 혼자 여러 가지 리액션을 남발하며 봤네요.

주변에 많은 사람들이 절대적 가치인 것마냥 돈을 추구하는 사회에서, 사회적 약자 편에 서서 소위 '돈이 되지 않는 일'을 하고 싶어 하는 내가 너무 순진하고 세상사를 아름답게만 보는 걸까? 라는 생각을 해온 사람으로서, 작가님의 문장 하나하나가 제게 큰 공감과 위로가 됐어요. 감사하다는 말을 꼭 하고 싶어서 이렇게 블로그 안부글에나마 써봅니다. 제가 이 거대한 자본주의와 다양한 억압을 가능하게 하는 사회의 시스템들에 돌멩이 하나 정도의 저항이 될 수 있을지는 모르겠으나, 작가님의 말처럼 사회 진보를 위한 실천 과정 자체에서 기쁨과 보람을 느끼며 열심히 저항해보겠습니다! 그럼 항상 먼 곳에서지만 응원할게요:)

작가는 독자 없이도 글을 쓸 수 있다. 하지만 독자가 있을 때 비로소 그 글은 살아 있는 무언가가 된다. 글은 독자에 의해 완성되는 것이다. 오늘도 수십만 독자와 그에 상응하는 인세를 머릿속에 그려가며 기꺼이 외로움을 영접하련다.

에필로그

 여기까지 오고 보니, 독자분들을 모시고 곳곳을 다니다 여정을 마치고 해산 장소로 향하는 여행가이드 같다는 생각이 든다. 관광버스 안에서 마이크를 잡고 마지막 소회를 털어놓는 순간일 텐데, 먹먹하고 아련한 감정마저 든다. 적어도 이 글을 쓰는 순간만큼은 그 여운을 음미하고 싶다.

 앞서 본문에서 얘기했듯, 작가란 간절하게 하고 싶은 얘기가 있어서 그것을 책으로 써내는 사람이다. 그러니 내 얘기를 들어주는 사람이 있다는 것만큼 반가운 일이 또 어디 있겠는가. 하늘의 별처럼 많은 책 중에 굳이 이 책을 선택해서 읽어주신 독자분들께 진심으로 감사하다. 마음 같아서는 한 분 한 분 직접 만나 술잔이라도 기울이며 이 고마움을 전하고 싶다.

 갑작스레 한 독자가 손을 들어 질문한다. 공학도 출신 글치라 다섯 줄 쓰기도 힘들었다던데 어떻게 전업 작가가 될 정도로 글솜씨가 늘었냐고. 책을 읽는 내내 궁금했는데 좀 물어보고 싶다며 따발총 같은 질문을 쏟아낸다.

'혹시 글쓰기 일타 강사에게 비밀 훈련을 받았는가?'
'글쓰기 강의를 들어본 적이 없습니다.'

'시중에 나온 글쓰기 책을 도장깨기하듯 독파했나?'
'글쓰기 책을 제대로 읽어본 적이 없습니다.'

'하루에 원고지 수십 매씩 꾸준히 쓰는 전략을 사용했나?'
'입금이 예상되지 않으면 글을 쓰지 않는 몸이 되었습니다.'

'공학도가 전자기기를 분해하고 재조립하듯, 잘 쓴 글을 해부하고 모방했나?'
'브람스 피아노 소품 악보는 분석해봤지만, 다른 작가의 글을 분석한 적은 없습니다.'

'마음에 드는 글을 골라 필사했나?'
'타인의 생각 꽁무니를 졸졸 좇아가는 행위 같아 절대 하

지 않습니다.'

'그것도 아니면 타고난 감각으로 썼나?'
'감각을 타고났다면 다섯 줄도 안 나와 고생했겠습니까. 재능 없는 쪽에 가깝습니다.'

나는 미문을 쓰고 싶어서 작가가 된 게 아니다. 하고 싶은 말이 있어서, 전하고 싶은 가치관과 세계관이 있어서 작가가 되었다. 제법 그럴싸한 꽃이 피었다면, 그것은 문장 기술이 뛰어나서가 아니라 말하고 싶은 바가 분명해졌기 때문이다. 사유가 길을 내면, 문장은 그 길을 걸어 들어온다. 생각이 단단해지면 글은 자연히 단단해지고, 생각이 정리되면 글도 정리된다. 나에게 글쓰기는 '어떻게 잘 쓸까?'보다 '무엇을 왜 쓸까?'라는 질문에 답하는 과정이었다. 기술은 뒤따라온 부산물이다. 결론은 다상량多商量! 많이 생각하고 또 생각하자.

나이가 들수록 따뜻한 인연 하나하나가 참으로 소중하다는 생각이 든다. 나같이 사회주의자를 표방하는 비주류 작가에게 잘해준다는 건 순수한 호의 외에 다른 해석의 여지가 없기 때문이다. 그런 의미에서 이 책의 출간은 전적으로 북하우스 출판사 임직원분들께 빚지고 있다. 그들의 호의가 아니었다면 이 책이 세상에 모습을 드러내기 어려웠을 것이다.

저 하늘에는 수많은 별이 있다. 일부는 강렬한 빛을 발하지만, 한편에 보일 듯 말 듯 수줍은 빛을 내는 별도 적지 않다. 그러나 크든 작든 화려하든 초라하든 별은 '저마다의 색'으로 밤하늘을 채운다. 이는 단순한 문학적 수사가 아니다. 별빛의 색은 표면 온도에 따라 미세하게 달라진다. 고온의 별은 푸르스름하고, 차가운 별은 불그스레하다. 사람 눈에는 비슷해 보여도 각 별이 머금는 빛의 스펙트럼은 저마다 '고유한 색'을 드러낸다.

세계 인구가 80억을 넘어섰다 해도, 삶의 온도는 제각각이고 그에 따라 뿜어내는 빛도 다르다. 나만의 책을 쓴다는 건 그 색깔을 오롯이 담아내는 작업이다. 이 책이 그 초행길에서 작지만 성능 좋은 손전등 하나쯤은 되었기를 바란다.

나의 무엇이 책이 되는가
© 임승수 2025

초판 발행 2025년 11월 28일

지은이 임승수

책임편집 허영수
디자인 나침반
마케팅 이보민 손아영

펴낸곳 (주)북하우스 퍼블리셔스 | **펴낸이** 김정순
출판등록 1997년 9월 23일 제406-2003-055호
주소 04043 서울시 마포구 양화로 12길 16-9(서교동 북앤빌딩)
전화 02-3144-3123 | **팩스** 02-3144-3121
전자우편 editor@bookhouse.co.kr | **홈페이지** www.bookhouse.co.kr
인스타그램 @bookhouse_official

ISBN 979-11-6405-345-2 03800

이 책의 판권은 지은이와 북하우스에 있습니다.
이 책의 내용 전부 또는 일부를 재사용하려면 반드시 양측의 서면 동의를 받아야 합니다.

본문에 포함된 인용문 등은 가능한 한 저작권과 출처 확인 과정을 거쳤습니다. 그 외의 저작권에 관한 사항은 편집부로 문의해주시기 바랍니다.